MW00436362

Hoda Barakat's Sayyidi wa Habibi

HODA BARAKAT'S

Sayyidi wa Habibi

The Authorized Abridged Edition for Students of Arabic

Laila Familiar, Editor

Georgetown University Press | Washington, DC

Library of Congress Cataloging-in-Publication Data

Library of Congress Cataloging-in-Publication Data

Familiar, Laila.
Hoda Barakat's Sayyidi wa habibi : the authorized abridged edition for students of Arabic/edited by Laila Familiar.
pages cm
ISBN 978-1-62616-002-6 (pbk. : alk. paper)
1. Barakat, Hudá—Adaptations. I. Barakat, Hudá. Sayyidi wa-habibi. Selections. English. II. Title.
PJ7816.A672S2913 2013
892.7'36—dc23 2013002927

∞ This book is printed on acid-free paper meeting the requirements of the American National Standard for Permanence in Paper for Printed Library Materials.

15 14 13 9 8 7 6 5 4 3 2 First printing
Printed in the United States of America

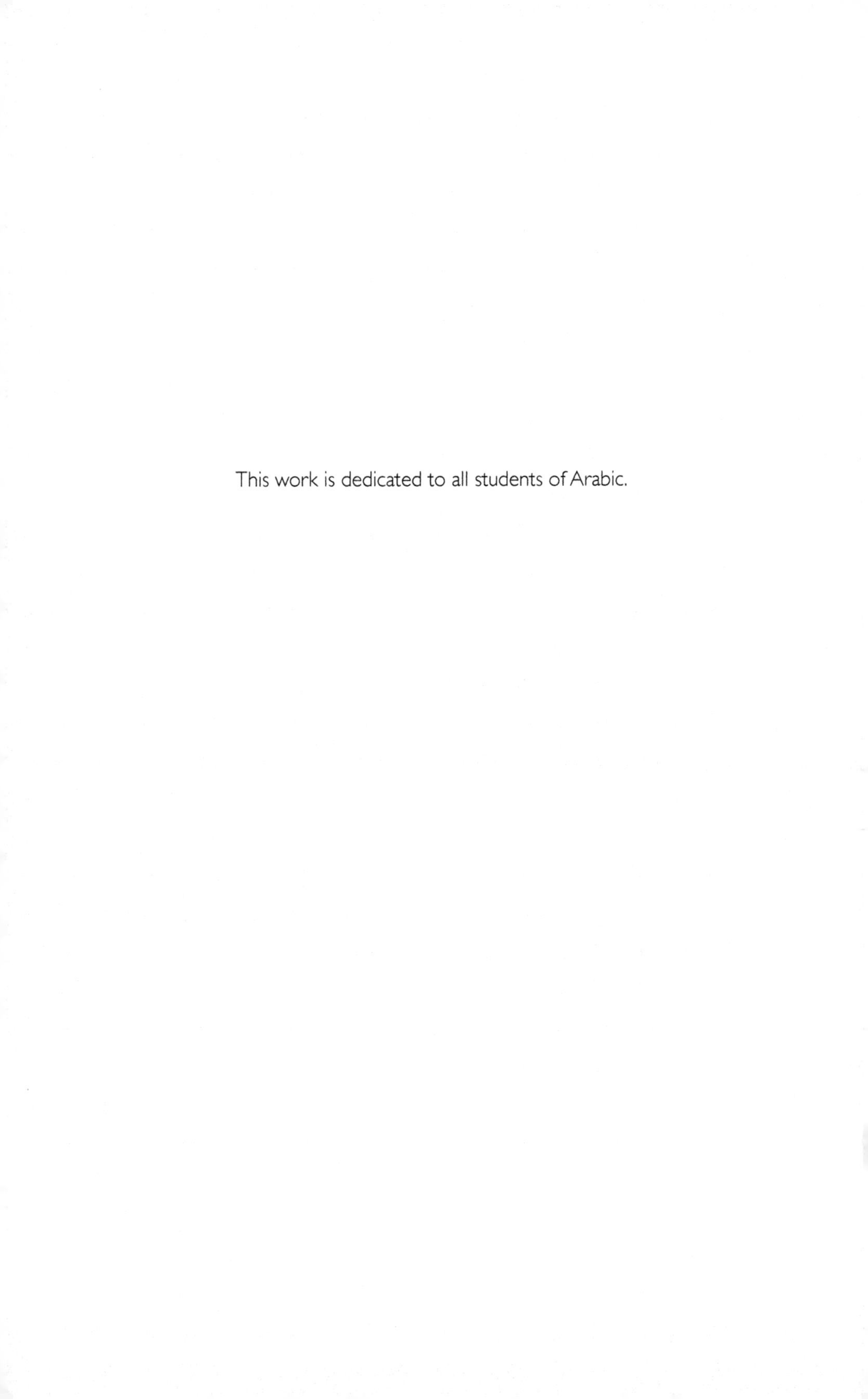

This work is dedicated to all students of Arabic.

CONTENTS

PREFACE FOR THE INSTRUCTOR

INTRODUCTION

Thank you for choosing this book as part of your course materials. The novel *Sayyidi wa Habibi*, by Lebanese author Hoda Barakat, has been simplified to match the linguistic proficiency of low-advanced students of Arabic, but it is also suitable for mid-high advanced readers. It is not intended to be the main textbook in a semester-long course, but it is rather a supplementary text that will add variety and fun to a regular course on Arabic as a foreign language. The novel will be more beneficial if it is used by learners who have at least 2 to 2½ years of Arabic in a regular, academic setting or a low-advanced proficiency level of the language.

By choosing to integrate an abridged novel into your Arabic course, you will give your students immediate and powerful benefits: they will engage in extensive reading, a fundamental step into content-based courses and deep critical thinking; they will acquire a large amount of new vocabulary; they will be engaged in exciting conversations related to the events of the novel with their classmates; they will activate newly acquired vocabulary and grammatical structures, thus improving their oral skills; and they will have a chance to think and write about the text and themes of the book in Arabic. Moreover, students will learn about Arabic culture and customs in a natural way, not only through the reading but through the activities accompanying the text. On a more personal and psychological level, your students will feel empowered for being able to read and understand a novel by a contemporary author, and they will relate to the human experiences lived by the novel's characters while enjoying the gratifying experience of reading the literature of the language they are studying.

USING THE NOVEL IN THE CLASSROOM

Keeping in mind that this is a supplementary book and not a main textbook, I recommend that you dedicate a minimum of ten class sessions (75 minutes each) in a semester to cover the materials and activities included in this abridged novel. The first session should provide your students the opportunity to talk about their experiences reading literature in general and Arabic literature in particular, and this session can also be an occasion to play some guessing games concerning the title of the novel and the possible themes and events that will take place in the pages to come (you will find a set of activities for that first session in the exercises toward the end of the book). The remaining nine sessions should be dedicated to discussion of the novel and work on the activities suggested (also to be found in the exercises).

This book features the following materials:

1. *A short biography of the novelist Hoda Barakat in Arabic.* This text can be used as a reading exercise in the classroom during the first session.
2. *The abridged version of the novel.* The novel has been abridged to suit the level of low-advanced students of Arabic and it has been reviewed and authorized by the author, Hoda Barakat, in its simplified version.

   In deference to the original structure of the novel, the text is divided into 33 chapters, but the exercises section groups these chapters into 9 units with the purpose of discussing the novel in 9 sessions, ideally once a week. This pace has been found to be appropriate for students at the advanced level and it keeps them engaged in the events of the story in a sustained manner.

3. *The exercises.* The different types of exercises designed for this novel are intended to help your students follow the plot of the novel and develop their linguistic and intellectual skills. By embarking on creative and interesting tasks, whether on their own or in the classroom, students will deepen their understanding of both the language and the culture.

   For more details on the types of activities included, please read the introductory text in the exercises section.
4. *A personal dictionary.* At the end of this book students will find a dictionary template that will help them build and study their own set of vocabulary related to this book. It is recommended that students use this part of the book from the beginning to record the vocabulary they learn while reading the novel. This dictionary will serve as a reference to them whenever they need to consult the meaning of newly encountered words. Please note that the dictionary has been arranged by roots. It does not include words that are translated in the footnotes in the novel.

Instructors should expect students to invest 3–4 hours per unit outside of the classroom; this time includes the reading of the passages that compose each unit in addition to doing some of the exercises. In class, it would be ideal to discuss each unit in a 75-minute session, but other arrangements are also possible.

All of the exercises accompanying the novel were designed with a formal classroom setting in mind, but many of them can also be used by learners of Arabic who opt for a self-study program outside of the classroom. Thus, if one is not able to use *Sayyidi wa Habibi* as part of the coursework, you can still encourage your students to read the novel by themselves. They will benefit from many of the features included in the book, and they will improve notably their reading skills.

PEDAGOGICAL RATIONALE

The novel and the exercises that accompany the text are based on an integrated skills approach that aims at developing students' multiple linguistic skills:

- Reading: Reading the text over several weeks will make a huge difference in students' fluency, as reading becomes easier for them once they become familiar with the style of the author and start learning a significant amount of relevant and recurrent vocabulary. Moreover, reading a simplified version of an original novel is an excellent springboard to initiate your students into extended reading and exposure to literary texts. In an academic setting it is assumed that students of Arabic as a foreign language will eventually need to read original literature, whether it is in content-based courses or as part of their graduate programs, and abridged literature is a great transitional stage toward reaching a superior proficiency level in Arabic.
- Speaking: Comprehension questions and selected quotations are included for each of the 9 units to encourage discussion and negotiation among peers in the classroom. Role plays are also incorporated for oral expression and lots of fun, while recording tasks will help students focus on pronunciation and intonation.
- Writing: Summaries, opinion essays, reflections, letters, and journal pages are activities that will improve students' ability to reflect upon the text and to express themselves using much of the newly acquired vocabulary and expressions.
- Listening: Audio passages recorded by Hoda Barakat are included on a free website to provide a chance for your students to listen to literary passages and an opportunity to listen to the author's opinions on many of the aspects

related to the plot of the novel and the writing process. (See the note on web resources.)

- Culture: Activities focused on Arabic cuisine, music, and history will help students get closer to the Arabic culture and better understand it by engaging in small research tasks.

THE ORIGINAL NOVEL

Published in 2004 by Dar Annahaar (Lebanon), *Sayyidi wa Habibi* (*My Master and My Love*) is Hoda Barakat's fourth novel, and it is set against the backdrop of the Lebanese Civil War. The novel narrates the struggles of Wadie, who is raised in a modest family and whose early events in life push him toward a life of crime. Broad themes such as the meaning of existence, love, passion, identity, and human degradation are masterfully narrated by Barakat through eloquent prose that will keep your students engaged until the very last line. You have in your hands an intriguing novel, and I hope that you and your students enjoy the journey through its pages. *Sayyidi wa Habibi* offers your students a wonderful introduction to the world of contemporary Arabic literature.

ACKNOWLEDGMENTS

I would like to express my gratitude to all the friends, colleagues, and students who have encouraged me while I worked on this project, and particularly to those who provided constructive criticism and suggestions for improvement, especially Shirley Bes and Valerie Anishchenkova. I am also grateful to the Arabic Flagship Program at The University of Texas at Austin for supporting the project.

PREFACE FOR THE READER

You have in your hands an exciting novel that has been abridged to suit learners of Arabic as a foreign language. The original text was written by acclaimed Lebanese author Hoda Barakat, and it was published in 2004 for an Arab audience. Now, with this abridged version that has been approved by the novelist, you can read and enjoy contemporary Arabic literature.

The book is divided into 33 chapters respecting the original structure of the novel, and it is accompanied by footnotes giving the English translation of key words that will make your reading enjoyable without the constant use of a dictionary. At times, though, it might be useful to look up additional words if you feel they are essential to be able to understand the passage. But beware of using the dictionary too much! You should be able to enjoy the novel as a literary text.

The novel is also accompanied by exercises that will help you comprehend the details of the story in addition to improving your Arabic skills. These exercises consist of:

- General comprehension questions to guide you through the basic events of the plot.
- Specific reading questions and quotations from the novel to help you understand details and nuances.
- Writing activities (summaries, opinion essays, reflections, letters, journal pages, and creative writing) that will improve your ability to express yourself using newly acquired vocabulary.

- Activities that will contribute to improving your oral skills. You will have a chance to exchange opinions and ideas with your classmates and teachers.
- Role plays that will awaken your imagination and engage you in fun activities.
- Cultural activities that will help you better understand Arabic culture.

In addition to the exercises, the book provides a personal dictionary that you can complete to help you build and learn the new vocabulary encountered in the novel. You can also hear the author read passages from the novel and answer questions about it on a companion website (see the note on web resources for more information).

It is highly recommended that you read several chapters all the way through without the use of a dictionary at first, to help you acquire the necessary breadth that characterizes fluent reading. You should also know that repeated reading of the same passage is more beneficial than reading the text only once; thus, it is advisable that you first read several chapters at once, without a dictionary, for general comprehension, and then do a second reading for a deeper understanding of the text and to answer the questions accompanying the novel if these are part of your homework.

Sayyidi wa Habibi is a novel that will take you through the turbulent human experiences as love, hate, addiction, friendship, betrayal, and death. By reading it you will improve your Arabic language skills while experiencing the beauty of Arabic literature. I hope that you find the novel interesting and the experience of reading it rewarding.

NOTE ON WEB RESOURCES

In addition to the abridged novel and the accompanying exercises, readers have at their disposal unique audio recordings that complement the text. These resources are divided into two types:

1. Passages from the abridged version of the novel read by author Hoda Barakat. These passages have been selected for their literary characteristics and because of the centrality of events taking place in them. In addition, each of these passages has corresponding activities that will help readers focus on the language and style of the author through various tasks (creative writing, identifying literary figures, emulating the author's narrative style, etc.) The accompanying activities are indicated by an icon in the exercises section of this book.
2. An interview with author Hoda Barakat. Questions collected from real students who have read the novel at The University of Texas at Austin were answered by the author. These questions mainly revolve around the events and characters of the novel and the writing process. Hoda Barakat's comments and responses address many of the concerns and questions that will arise when reading *Sayyidi wa Habibi* and, thus, they are a valuable resource for the reader.

The audio texts can be found and accessed for free in the Teacher's Resources section of the Georgetown University Press website press.georgetown.edu/Georgetown/instructors_manuals.

هدى بركات

ولدت الكاتبة والروائية هدى بركات في بيروت- لبنان- عام ١٩٥٢ لأسرة مسيحية مارونية من قرية بشرّي الشمالية .التحقت بجامعة بيروت عام ١٩٧٠ لدارسة الأدب الفرنسي. بعدها سافرت إلى باريس لإتمام الدكتوراه ولكنها قررت العودة إلى بيروت إثر بدء الحرب الأهلية اللبنانية. وهناك عملت هدى بركات في مجالات التدريس والترجمة والصحافة. وفي عام ١٩٨٩ قررت هدى بركات الهجرة إلى باريس حيث عملت في الصحافة الإذاعية لسنوات طويلة.

كتابها الأول كان مجموعة قصصية بعنوان "زائرات" (١٩٨٥)، ثم صدرت لها روايات : "حجر الضحك" (١٩٩٠)، "أهل الهوى" (١٩٩٣)، "حارث المياه" (١٩٩٨)، "سيدي وحبيبي" (٢٠٠٤) و"ملكوت هذه الأرض" (٢٠١٢). ولها مسرحية بالعامية اللبنانية بعنوان "فيفا لا ديفا" (٢٠٠٤) ومسرحية أخرى بعنوان "الهزيع الأخير من الليل" (٢٠١٢) . . . بالإضافة إلى كتاب "رسائل الغريبة" (٢٠٠٤) ويتضمّن نصوصا متنوعة.

ترجمت أعمالها حتى الآن إلى أربعة عشر لغة من بينها الانجليزية والفرنسية والإيطالية واليونانية والتركية والإسبانية، وحازت على عدة جوائز عربية من بينها جائزة الناقد (عام ١٩٩٠) على روايتها "حجر الضحك" وجائزة نجيب محفوظ للأدب الروائي (عام ٢٠٠٠) على روايتها "حارث المياه"، بالإضافة إلى وسامين رفيعين للثقافة والفنون من الحكومة الفرنسية عام٢٠٠١، ثم ٢٠٠٤.

سيّدي وحبيبي

1

أحببته حباً لا يوصف. ليس بسبب أنـّي لا أحسِن الوصف، أو بسبب عدم قدرتي على الكلام. بل لأنّ ذلك الحب يبقى غريباً، لم أسمع أحداً يتحدّث بمثله.

حين أفكر فيه ويحضُرني وجهه الأسمر الجميل أشعر بسعادة لا توصف. أشعر بالشكر الكبير لأنّ الله وضعه على طريقي في اللحظة التي كنت فيها يائساً[١]. يائساً من الحياة والناس. هذا الرجل اشتراني، أقول في نفسي، وأنا أتذكر أمي التي، حين كان يشتد عليها المرض، كانت تنظر إلى أبي وإلى مَـن كان حاضراً من الجيران لمساعدته في حملها إلى السيارة التي ستأخذها إلى المستشفى، أمي كانت تقول: دخيل الله اشتروني يا جماعة . . اشتريني يا أبو ديع.

وأنا على البلكون، أسمع الضجة الذي تحدثها زوجتي في المطبخ وأتساءل عمّـا هي السعادة. ماذا تكون السعادة غير أن تحب زوجتك وأن يكون لك أخ وصديق يُخلص[٢] لك وتخلص له. وهو اليوم قادم للعشاء.

يروي الناس كثيراً عن حب الأقارب. ويروي الناس عن حب الرجال للنساء، أو حتى عن عشق الرجال للرجال. لكن الأمر لم يكن كذلك. وهو يذهب أبعد مِمّا سمعته وعرفته عن علاقات الصداقة أيضا. فأنا ممـّن قامت حياتهم على الصداقة، ربما بسبب أنـّي ولد وحيد لا إخوة لي، وربما بسبب أنـّي لم أكبر في عائلة كبيرة فيها الأعمام والأخوال، العمات والخالات والأولاد الكثيرون.

في بداية معرفتي به كنت لا أتوقف عن الكلام عنه. ولولا زوجتي التي أنارت حياتي لاعتقدت أنـّي مُغرم[٣] بذلك الشاب. وسامية، زوجتي، تكرّر ساخرة إنـّها بداية رحيلي إلى الضفة الأخرى من الرغبات.

---

١. يائس = in despair
٢. أخلص - يُخلِص = to be loyal
٣. مُغرم = in love

وأنا لا أقارن بين الحبّين، حتى حين تقول زوجتي ساخرة بأنّي أحبه أكثر منها. فأنا، أعترف أنّ سيّدي الشاب يشغل فكري وقلبي لكني أحبه حباً نبيلاً، وليس ذلك الحب الذي يُشعر الإنسان بالخجل من نفسه. فأنا، حتى بعيداً عنه، أبقى سعيداً به، لأنّه موجود في حياتي.

2

أعرف أنّي لا أحسِن الكلام.

حين تعرّفت عليه، في البداية، كنت أظلّ ساكتاً. أسكت لا أجد كلاماً مناسباً. أقنِع[٤] نفسي، حين أخرج من مكتبه، بأنّ سكوتي هو نوع من الأدب وأنّه يرى الأمر كذلك لأنّه يستمر في الابتسام لي. ولعلّي أحسَن في الاستماع.

كنت متوتراً[٥] حين قابلته في مكتبه أول مرة. يداي متعرقتان وقلبي يضرب بقوة. لم أظن أنّه سيمدّ يده ليسلّم عليّ. ولكنّه هزّ يدي مراراً ليشعرني أنّه سيّد من نوع آخر ويسلّم على موظّفيه بطريقة مختلفة متواضعة.

بقيت، طوال عطلة نهاية الأسبوع، أتفكّر في هذا اللقاء الأول.

---

٤. أقنع - يُقنع = to convince

٥. مُتوتّر = nervous

3

كان قصير القامة له وجه كوجوه الأطفال . . ومثلي له ثديان صغيران وأيضاً كرش صغير.

لا أذكر جيداً متى بدأت أرى أنّي أشبهه. أو أنّه يشبهني . . إلى درجة كبيرة. ربما داخلني هذا الشعور حين رأيته عن بُعد لأول مرة.

كان الطقس ممطراً. وكان هو يقف إلى جانب سيارته العطلانة. قلت في نفسي وأنا أنظر إليه من بعيد: إنّه فعلا قصير القامة وسمين قليلاً. رأيت أنّه يشبهني في جسدي القصير الذي لا يشبه روحي أبداً. فأنا في داخلي ككلب الصيد الأصيل السريع الحركة.

وهكذا، شيئاً فشيئاً، أخذ معلّمي الجديد يُرجعني إلى نفسي القديمة التي كنت نسيتها.

4

كانت المعلّمة، بسبب قصر قامتي، تُجلسني على طاولات الصف الأمامية. مِن هناك لم أكن أستطيع إلاّ رؤية المعلّمة ومتابعة الدرس. ومن مكاني القريب إلى اللوح كنت المسؤول عن إحضار الطباشير وتنظيف اللوح وطاولة المعلّمة في آخر الحصة . . كل ذلك كان يدفعني دفعاً لأكون من بين الشطّار الأوائل بالرغم من أنّي لم أتميّز بالذكاء.

لم تكن المعلـّمة، السمينة مثلي والطيّبة، تحبني بالفعل كما كان يبدو في اهتمامها بي وفي تشجيعها المستمر لي لأكون أفضل وأحسن وأكثر اجتهاداً. لم تكن تحبني بالفعل لأنـّها كانت تعرف أنـّهم يسخرون منّي. كانت تقول لي: لا تهتم بهم يا وديع، إنـّهم فقط يغارون[٦] منك . . لكني كنتُ أحسّ أنـّها مثلي تخاف منهم.

لم أكن أرى في كلامها إلاّ ما يراه الآخرون في الصف: الشبه بين سمنتي وسمنتها.

الصفوف الخلفية . . . الصفوف الخلفية. حلمي كان الالتحاق بالصفوف الخلفية. أعرف أنّ عليّ[٧] قبل أيّ شيء التوقف عن الأكل. قبل أيّ شيء . . . ثم التوقف عن الدرس . . . لكنني كنت أعلم أنّ كل ذلك لن يدفعني إلى الخلف بسبب قصر قامتي. ولو أصبحت نحيلاً، ولو صرت كسولاً فسأبقى بقربها بسبب قصر قامتي . . . ثم أعود عاجلاً أم آجلاً[٨] إلى الدرس . . . وإلى الأكل.

---

٦. غار - يغار (مـن) = to be jealous (of)

٧. عليّ أن\مصدر = من اللازم أن\يجب أن

٨. عاجِلاً أم آجِلاً = sooner or later

5

كان أيّـوب جاري في المدرسة وفي الحيّ. نترافق في الذهاب والمجيء وندرس غالباً معاً للامتحانات.

فقط أمام أيـّوب كنت آكل بحرّية. كان وجهه الأسمر الصغير يبتسم حين يراني أذهب إلى المطبخ. يقول: لقد جـُعنا يا رجل. "يا رجل" يقول أيّوب كلـّما[٩] أراد التعبير لي عن صداقته.

أنت تأكل أكثر منّي يا أيّوب ولا تسمن، أقول له. فيجيب جاداً: أكلكم طيّب. أنا لا آكل دائماً هكذا . . . ربما بسبب كثرة ما درسنا، جـُعنا يا رجل . .

يساعدني أيّوب في حمل الأطباق من المطبخ إلى طاولة الطعام، نضع الكتب والدفاتر على طرف الطاولة ونحضّر المائدة بمزاج. هل سخـّنت الأرز، يسألني. وحين لا أجيب يقول: يجب أن نسخّن الأرز أيضاً. انتظرني قليلاً. يعود بالأرز ساخناً، ينظر إليّ ويقول جاداً: هكذا أفضل.

يخطر لي أحياناً أنّ أيّوب هو الوحيد الذي يفهمني في هذا العالم. وأعرف بأنـّه سيكون الإنسان الوحيد الذي آكل معه وأمامه طوال حياتي.

وأظن أنـّه يفهم ذلك بسبب ما أراه فيه من جدّية خاصة وقت نأكل معاً. صحيح أيّوب لا يمزح كثيراً بشكل عام، وهو قلـّما يضحك في الصف أو في الملعب. وهو حين يلتحق بالصفوف الخلفية، بين الحصص، يكـتـفي بالابتسام. الابتسام الذي يعني الموافقة وعدم الممانعة في ما يحدث في الخلف.

أيّوب هو الوحيد الذي أسمح له أن يقول لي ونحن على طاولة الأكل: لا تـُكثر من الخبز.

أنظر لأرى إن كان أحد سمعه. ولكنـّه لا يفعلها لو كان أحد على مقربة، حتى أمي.

---

٩. كـُلـّما = whenever

يضع لي من اللحمة ليشجّعني على الإقلال من أكل الخبز . . . يتصرّف كأنـّه في بيته لا في بيتنا وأعرف حينئذ أنّ أيّوب الخجول لا يخجل من الأكل ومن الاستزادة منه. فهو قد تأكّد تماما مِمّا كانت أمي تكرّره، من أنّ كل هذه المقبلات، كل هذا الطبيخ وهذه الحلويات ستذهب إلى الزبالة إن لم نأكلها، وهذا حرام. وتقول أمي لأيّوب إنّ ما لن يأكله هنا، في بيتنا، سيحمله معه إلى أمّه، فأمّه عزيزة علينا. وأيّوب يعرف أنـّه فقير. أنـّه أكثر فقراً منا. ونحن نعرف أنـّه يعرف ذلك.

الحقيقة أنـّي لم أكن أشعر أننا فقراء إذ[10] كان مَن حولنا، سواء في حيّنا أو في المدرسة، مَن هم أكثر فقراً.

كان أبي طبّاخاً يعمل عند أحد الأثرياء[11]. كان ثراء "المعلـّم"، كما يسمّيه والدي، بعيداً عنا لا نعرف عنه شيئاً ملموساً سوى فضلات الأكل التي يعود بها أبي وأشياء أخرى خاصة في المناسبات والأعياد مثل الثياب والألعاب القديمة. لكنـّه كان ثراء يجعلنا نشعر بأننا جزء منه. أننا، بطريقة ما، مثل الأهل والأقرباء . . فثياب أولاد "المعلـّم" مثلاً، حين تصغر عليّ أو تضيق، كنا نرسلها إلى أولاد الجيران ونفخر بها. فهذه الثياب جيدة وتبقى على حالها كأنـّها جديدة، حتى مع كثرة الغسيل، وليس مثل ثيابنا.

صار أيّوب يأتي كثيراً إلى بيتنا حين أكون رأيت صباحاً الأكياس الكثيرة في مطبخنا، على الرفوف وحتى على طاولة السفرة أحياناً. هكذا يكون بعد عزيمة أو عشاء احتفالي في بيت "المعلـّم".

هذه الكريما البيضاء عظيمة يا رجل، يقول أيّوب شاكراً.

لماذا تقول كريما يا أيّوب وأنت تعلم أنّ اسمها مايونيز. مئة مرة قلت لك إنـّها مايونيز وأنت تعود وتسمّيها كريما. يضحك أيّوب ويقول: أمزح معك . . . أمزح معك لأرى إن كنت ستغضب مرة أخرى من

---

١٠. إذ = لأن

١١. ثريّ - أثرياء = غنيّ - أغنياء

نسياني اسم المايونيز. من يقول إنّ هذا مجرد بيض وزيت؟ شاطرون الأجانب يا رجل. ثم يعود إلى جدّيته.

—الكوسى الصغيرة هذه لا أراها إلاّ عندكم.

—هذه أبلما. لا يمكن حشوها بالأرز واللّحم مثل الكوسى العادية، فقط باللحم والصنوبر، ثم الصلصة فوقها كما ترى.

—وتـُطبخ بالفرن؟

—والأرز إلى جانبها . . وممكن أن تـُطبخ باللبن . . . أو بالصلصة البيضاء. والجبن على وجهها ليصبح لونه ذهبياً.

—شاطر أبوك.

—مرة حمل إلينا أكلة أجنبية لا أحد في البلد يعرف كيف تـُطبخ. تعلـّمها من فرنسيين كان يعمل عندهم. الآن ذهبوا. عادوا إلى بلدهم ولا أحد يعرف طبخ هذه الأكلة.

—شاطر أبوك . . . يا رجل.

6

مش أكتر من كلمة آاااه يا حبيبي باحبك آه . . . نار يا حبيبي بحبك.

يجب أن يكون البيت فارغاً لنستمع إلى عبد الحليم. يجب أن نكون لوحدنا.

منذ أتى أبي من بيت "معلـّمه" براديو جديد وأنا لا أريد الجلوس معه أو مشاهدته يستمع إلى أم كلثوم. يشرد[١٢] ويدخّن . . . وأحياناً يصرخ آه آه . . . فأقوم إلى غرفتي، كما كنت، صغيراً، أذهب إلى الحمام حين تكثر مشاهد القـُبـَل على التلفزيون.

حين يستمع أبي إلى أم كلثوم ويرافقها بالصوت . . صارخاً . . أشعر أنّ امرأة غريبة موجودة في صالون بيتنا، غير أمي، يتوجّه إليها أبي بالكلام والغناء.

امرأة غريبة لا تشبه أمي. أصغر سناً منها وأكثر جمالاً . . . كأنّ أبي الذي يتغيّر هكذا فجأة هو رجل من رجال الشوارع الذين يقولون للبنات الصغيرات كلاماً بذيئاً سريعاً، ثم يعودون قبل أن يراهم أحد.

ربما ليس بسبب ذلك كنا نستمع إلى عبد الحليم حين نكون أنا وأيّوب لوحدنا في البيت. بل لأنّ عبد الحليم مُطرب قديم لا يستمع إليه أصدقاؤنا الذين يفضلون الموسيقى الغربيّة. عبد الحليم كأنـّه من زمن أهلنا . . . حين تتذكر وجهه، يجعلك تخرج إلى مدن لا تعرفها، فيها حدائق عامة مرتّبة وشوارع نظيفة قليلة المارّة، وفيها بنات يشبهن الصور القديمة التي لأمهاتنا صغيرات، أو حتى لجدّاتنا. شوارع من الأفلام المصرية.

لكن أيّوب يقول أيضاً إنّ الصوت الجميل لا يقدم.

اسمع الصوت كيف يخرج من داخله. لا يهمّك الناس.

أنظـُر إلى أيّوب على السجادة الحمراء بطوله وقد وضع ذراعيه تحت رأسه ينظر إلى السقف.

أفكّر، وأنا أنظر سرّاً[١٣] الشـعيرات الخارجة من كـُمّ قميصه القصير أنـّه ربما كان مـُغرماً. وأتساءل مرة أخرى لماذا، ونحن في نفس العمر، يسبق جسم أيّوب جسمي . . .

---

١٢. شرد - يشرد = to be absentminded

١٣. سِرّ - أسرار = secret

بُعدك نااار
قُربك نااار
وأكثر من نااار

أنقلب على سريري وأنام على ظهري. أضع يديّ تحت رأسي. أغمض عيني وأدخل شيئاً فشيئاً صوت المُغني الحزين. شعور يشبه القطن الخفيف حول جسمي. أنسى المطر القوي في الخارج وعلى زجاج شباكي القريب. وأنسى إضاءة النور في الغرفة، أنسى فروضي التي صرت الآن أكرهها.

يُضيء أيّوب النور ويلبس جاكته مستعداً للخروج. توقّف المطر، يقول، سأعود إلى البيت.

أنزل من السرير لأرافقه حتى الباب فأشعر فجأة بالبرد. أغلق الباب وراءه بسرعة، وأجد أبي وحيداً في الصالون. ستبقى أمّك في المستشفى هذه الليلة وتعود غداً في الصباح، يقول. آلة الغسل تعطّلت. مرضى الكِلى يتكاثرون والمستشفيات، يقول أبي . . . أكون وصلت إلى غرفتي فلا أسمع بقية الكلام. أقول في نفسي إنّ رغبته في التحدّث بسبب قلقه[١٤] عليها . . . لي أنا، ليس هناك ما يقوله أبي.

هو أيضاً لم يُضىء النور في الصالون، واكتفى بضوء الشارع يدخل من القنديل البرتقالي الكبير لينير خفيفاً نصف بيتنا.

أصطنعُ[١٥] النوم وأنا أسمع قدميه الحافيتين[١٦] يقترب من باب غرفتي. يسألني إن كنت تناولت العشاء أم . . . فلا أجيب. يظن أنـّي نمت فيقترب أكثر. يبقى قليلاً فلا أتحرّك. يشدّ[١٧] الغطاء من تحت قدميّ ويغطّيني إلى نصفي ويخرج.

---

١٤. قلق = preoccupation
١٥. اصطنع - يصطنع = to pretend
١٦. حافي = bare
١٧. شدّ - يشدّ = to pull

لا أريد أن آكل معه. ولا أن نتحدّث معاً عن مرض أمي أو عن أيّ شيء آخر.

ولا أريد أن أسأله لماذا يجلس هكذا على الأرض مسنداً ظهره إلى الكنبة. لماذا لا يجلس على الكنبة ككلّ الناس الذين يملكون كنباً في صالوناتهم؟ ولماذا يبقى هكذا حافي القدمين؟ لماذا لا يلبس شيئاً في قدميه الكبيرتين الحافيتين البشعتين؟

لماذا أشعر أنّ شيئاً في أبي يشدّ دائماً إلى تحت؟

ولماذا لم ينجب ولداً غيري؟ ما المشكلة في خِصيتَي هذا الرجل؟

7

ليست مشكلة حقيقية أقول لأيّوب. إنـّها عمليّة بسيطة. سأخرج غداً.

ولكن أيّوب يأتي إليّ في المستشفى ليـُريني الآلة الصغيرة لا ليزورني كمريض.

يقول وهو يفتح بابها الصغير ويقلـّب الكاسيت في "الووكمن": سأسمعك صوت الموسيقى. صحيح أنـّها ليست على الليزر لكن سترى. انتظر قليلاً.

أشعر بغضب حين أرى أنّ الشاب على السرير الآخر ينظر ويتفرّج على أيّوب.

—عظيم . . إنّـه اختراع العصر يا أيّوب. توقّـف قبل أن أكسرها وأرميها من الشباك.

—ليست اختراع العصر—يُجيب أيّوب بهدوء- لكن أنا لم يكن عندي واحدة . . ثم حين تضع السمّـاعتين على أذنيك تدخل الموسيقى إلى كامل جسمك. لم أكن أعرف. وصدّقني، الكبيرة أقلّ ثمناً لكنّـها ليست أسوأ. ضع السمّـاعتين في أذنيك وسترى. تدخل الموسيقى رأسك، كامل جسمك وحواسك . .

أنظر إلى الشاب على السرير الثاني فأجده مبتسماً ابتسامة عريضة صريحة، يكاد يضحك.

—طيّـب. خلصنا منك. خرا[١٨] عليك وعلى هذا الووكمن.

—لماذا، يسأل أيّوب بالهدوء نفسه.

—لأنّـه اختراع قديم وأنت كـمَن يكتشف الآن البارود.

—أعرف . . . لكن أنا . . . أنا لم يكن عندي واحدة. هل رأيت ما أجمل علبتها، نسيتها عندكم، على فكرة، لا ترمِها.

ثم يضع أيّوب السماعتين على أذنيه ويتركني في انزعاجي وغضبي.

ألا يعرف أيّوب أنّـه فقير؟ هل يعرف أيّوب كم هو فقير؟ هل يعرف ويتجاهل؟ هل تعوّد ذلك منذ صغره ولم يعُد[١٩] يهتم؟ أم أنّـه حقيقة لا يهتم؟ أم أنّـه قوي لهذه الدرجة فلا يخجل؟

هل يستمع إلى الموسيقى فعلاً، هكذا، وينسى ابتسامة الشاب أم أنّـه لم يرَه أصلاً؟

تصل فجأة الممرضة عند سريري. يقف أيّوب بسرعة معتذراً فتقول الممرضة إنّـها تحمل إليّ الأكل. تعالَ كُـل معي، أقول له، فيقترب من الأطباق ثم يكشّـر قرَفاً[٢٠] ويبتعد: كُـل أنت. وجبة ممتازة، يجب أن تأكل.

---

١٨. خرا = shit

١٩. لم يَعـُـد + (فعل مضارع) = he does not . . . any longer

٢٠. قرف - يقرف - (القرف) = to feel disgust

ثم يضيف: امتحان العلوم الطبيعية بعد يومين. لم أفتح الكتاب. يجب أن أدرس قليلاً. أنت عندك حجة، مريض.

أنا أعرف أنـّي سأرسب هذه السنة، أقول لأيّوب. وأنا أيضاً، يقول لي.

8

لكننا نجحنا نحن الإثنان. فالامتحانات كانت سهلة رغم طول الفترات الطويلة التي توقفت فيها الدروس بسبب الحروب.

ولم يقل أيّوب لأحد لماذا كنتُ في المستشفى، فلم يكن للتلاميذ أيّ اهتمام خاص بي. لا سبب عندي لأشكّ[٢١] في أيّوب. لا سبب سوى أننا كبرنا قليلاً وأصبحنا أقرب إلى منطقة البالغين الذين لا يعترفون بقدسيـّة الأسرار. فلقد فاجأتُ أبي يتكلم مع جاره عن خصيتي العالقة فوق، وعن وجوب إدخالي المستشفى لإنزالها جانب رفيقتها.

ولم يسألني أيّوب إن كانت العملية نجحت أم لا. لا يتكلم عن العملية أبداً. كان ذلك يقلقني إذ لم أكن متأكّداً من السبب.

ندمت[٢٢]. ندمت. ما كان عليّ أن أكشف لأيّوب تفاصيل العملية. ما كان سيعرف لوحده.

ندمت لكنني أخذت مع الوقت أنسى ندمي هذا ولا أتذكره إلا قليلاً.

---

٢١. شكّ - يشك = to suspect

٢٢. ندم - يندم = to regret

في ذلك الصيف حين كنا نذهب للسباحة معاً كنت أراقب نظرات أيّوب لأرى إن كان سينظر إلى أمكنة مُعيّنة في جسمي وأنا بالمايوه. كنت ألبس مايوهاً جديداً، واسعاً ويصل تقريباً حتى الركبتين فلا تبان من تحته أشياء كثيرة. وكان مايوه أيّوب يشبه الملابس الداخلية القديمة. قصير ضيّق ملتصق بالجسم ويرتفع ليغطّي البطن.

هذا المايوه كان لأبيك يا أيّوب؟ أخذت أقول له ضاحكاً. لا، قال لي بجدّية كعادته، إنّه عندي منذ سنتين أو ثلاث فقط . . . ثم ليس في المايوهات موضة. انظر حولك.

وأضحك أكثر: نعم هناك موضة . . . ثم لم يعُد يوجد في العالم كله مايوه له حزام . . ويرتفع هكذا حتى المعدة . . انظر كم أصبح ضيّقاً عليك . . والله سيضحك علينا الناس.

يهزّ أيّوب رأسه ولا يهتم بكلامي.

حين يخرج أيّوب من الماء أرى مرة أخرى كم أنّ جسمه سبق جسمي.

ففي ضوء الشمس الباهر ترتسم بوضوح الشعيرات التي نبتت على صدره وتحت إبطيه . . وتبدو عضلات[٢٣] الفخذين[٢٤] والساقين مُستديرة. كما أنّ الكرة الصغيرة التي ترتسم بين فخذيه، تحت المايوه الضيّق تذكّرني مرة أخرى بقِلّة ما عندي في المكان نفسه . . .

---

٢٣. عضلة - عضلات = muscle

٢٤. فخذين = thighs

9

في ذلك الصيف انتظرت تغييراً لم يحدث. فصوتي لم يتغيّر كثيراً ولم أرَ جسماً آخر يخرج من جسمي كما كان يحدث لأيّوب. لم تظهر لي عضلات وشعيرات جسمي بقيت خفيفة.

وكان قلقي يزداد، ويعذّبني[٢٥] هذا القلق، حين أرى أنّ جسمي باقٍ في طفولته ولا يريد الخروج منها. هكذا، كنت أرى ثدييّ يكبران بدلاً من العكس. وفكرة الالتحاق بنادي الصحة لم تخطر على بالي أبداً. هناك سأنكشف تماماً.

10

كانوا قلّة.

كانوا قليلين. كانوا كأنّهم في زيارة قصيرة، لا لمشاركتنا في حزننا كما يفعل المعزّون. حتى أنّ صالوننا لم يمتلىء مرة. حتى أنّ صالوننا الصغير كان يبقى لساعات فارغاً. لوحدنا أنا وهو.

في المستشفى، حين قال له الطبيب إنّه لم يستطع أن يفعل شيئاً بسبب استحالة تشغيل آلات الغسيل، أخذ يبكي كالأطفال. بالصوت العالي. لم يسأل الطبيب لماذا لم يمُت كل مرضى الكلى. كأنّه يعرف أنّ

٢٥. عذّب - يعذّب - تعذيب = to torture

امرأته هي التي ستموت أولاً. أخذ يبكي كالأطفال وأنا أنظر إليه، أفكر فيه لا في موت أمي.

لم أسأله إن كنا سنأخذها إلى البيت قبل المقبرة. لم أساعده في معاملات إخراجها من المستشفى. عندما ناداني: وديييييع. أخذت أمشي بسرعة في ممرات المستشفى إلى الباب الخارجي.

وديييييع.

لم أذهب إلى البيت. قلت لن أذهب إلى البيت الآن. نزلت من السرفيس[٢٦] وأخذت أمشي على الكورنيش.

كان البحر هادئاً وكانت بداية الخريف. أقف، ثم أحاول أن أتنفس ببطءلأسيطر على غضبي.

أكرّر في رأسي أنّ أمي قد ماتت. أكرّر أنّ أمي قد ماتت وأنـّي لن أراها ثانية وأنّ ذلك يـُدمي قلبي لأنّ ألم فقدان الأم ليس له مثيل. أكرّر أنـّي لن أرى أمي ثانية، لن أراها ثانية، وسيكون البيت فارغاً منها دوماً، إلى الأبد. ولن أسمع صوتها.

أقوم من مكاني وأمشي على الكورنيش، إلى جانب سور الحديد[٢٧]. وأراني أضرب رأسه بقضيب الحديد. أرى الحديد يدخل في رأسه. أرفع القضيب وأضرب ثانية، ثالثة ورابعة حتى يتحول رأسه إلى قطع صغيرة. رأس أبي.

ألعوذ بالله! يا الله! أبتعد عن الكورنيش.

عند مدخل البناية أجد سامية. تتوقف ناظرة إليّ. الله يرحمها تقول. كل الجيران عندكم فوق. الله يرحمها. أمي عندكم وأنا سأطلع بالشاي والقهوة حالاً.

كانوا قليلين. فقط بعض الجيران. وخلال أيام العزاء أيضاً. لا أحد من أهلها. لم نستطع إخبارهم. لا أدري إن كان يعرف مكانهم.

---

٢٦. تاكسي مشترك

٢٧. حديد = iron

وهو . . . لا أهل له. لا أدري إن كان له أهل. أخته الكبيرة، التي لم تكن تحب أمي، ماتت من سنين بمرض السرطان.

11

يعرف أنـّي لن أجيبه. يترك أياماً تمرّ أو أسابيع ثم يسألني مرة أخرى: متى تذهب إلى الثانوية فالوقت يمضي والدروس بدأت.

يعتقد أنـّي ما زلت حزيناً على موت أمي، لا أستطيع شيئاً. كان يعتقد ذلك أو يـُقنع نفسه بذلك.

الآن صار يـُريني حزنه ليمتحنني. ليعرف سبب صمتي[٢٨]. أهو بسبب موتها أم أنّ هناك شيء ضده هو.

يعرف أنـّي لن آكل مِمّا يطبخ. لن آكل معه ولن أكلمه. لكنـّه يعود في المساء ويحاول من جديد. يدخل غرفتي رغم عدم إجابتي على نداءاته المتكرّرة من الصالون. يدخل غرفتي حاملاً بعض ثيابها. يُضيء النور إن كان مطفأً لِيُريني ما يحمل ولكنـّه في الحقيقة يريد أن أرى احمرار عينيه من البكاء. يريدني أن أسمع جيداً صوته المتهدّج وهو يقول: ماذا نفعل بهذه الثياب؟ كأنـّه صار يمدّ في حزنه عليها من أجلي لا بسبب موتها.

---

٢٨. صمت = سكوت

لا أجيب. أستدير على سريري ناحية الحائط وأتركه عند باب غرفتي . . .

حين تغضبني محاولاته المتكرّرة، خاصة بخصوص العودة إلى الدراسة، أستعمل جسمي للردّ عليه. أخبط الأغراض[٢٩] بعنف، أغيّر مكان الأشياء دون سبب، أتحرك في البيت بعنف. أرتب أيضاً أغراضي وأغسل صحوني وأكوي ثيابي التي لا أتركه يغسلها، إذ أخفيها جيداً في غرفتي التي فهم أنـّه ممنوع عليه دخولها، هذا فقط ما يبدو أنـّه فهمه.

لم أكن أكره أبي. كنت فقط لا أريد أن أراه. والشفقة[٣٠] التي كنت أحياناً أشعر بها اختفت تماماً. اختفت تماماً قبل موت أمي. اختفت حين زرنا بيت معلـّمه أنا وأيّوب.

كان ذلك قبل نهاية الصيف.

كنت وأيّوب في غرفتي حين ناداني من الصالون وفي صوته فرح.

قال إنـّه وعد معلـّمه. وعده قبل أن يقول لنا أو قبل أن يطلب موافقتنا، ولذا نحن مُلزمان الآن بوعده. قال لمعلـّمه الذي كان ابنه ضعيفاً في مادة الرياضيات إنّ لا لزوم لأستاذ خصوصي. فوديع ابني شاطر في الرياضيات وهو متقدّم على السيّد الصغير بصفـّين أي أنـّه يعرف برنامج صف السيّد الصغير بالضرورة. هي فرصة ليتعارفا. وهما كالأخوين، ووديع يلبس ثياب أخيه السيّد الصغير ويلعب بألعابه . . . رغم أنـّه أكبر سناً . . . لكن ما شاء الله جسم السيّد الصغير كبير . . . ثم أنّ الأستاذ ليس في عمرهما. هما سيتفاهمان بشكل أفضل. إنـّهما من الجيل نفسه. ولا لزوم للدفع . . . غدا يأتيكم وديع . . .

ربما لم يقل أبي كل هذا لمعلـّمه. لكن أيّ كلام مختلف كان باستطاعته أن يقول؟ أيّ كلام مختلف؟

---

٢٩. غرَض - أغراض = شيء - أشياء

٣٠. شفقة = pity

—لكني لا أفهم شيئاً في الرياضيات. أنت تعرف أنـّي لست قوياً في الرياضيات . . . كيف تعـِد الرجل بـ . . . .

—إنـّه في صف أدنى من صفك بسنتين. والرجل كريم معنا، وهو يعرف أنـّك من الأوائل.

—لن أذهب، لا غداً ولا بعد غد. لن أذهب.

قال لي أيّوب بعد أن عدت إلى غرفتي: لماذا تعمل من الأمر قصة؟ أنت جيد في الرياضيات وأبوك وعد الرجل. وإن أردت أذهب أنا معك، إن استصعبت تمريناً أحلـّه أنا له. سيبدو الأمر لعباً، تسلية، خاصة إن ذهبت أنا معك . . . هكذا شباب نتسلـّى.

لكن لا نبقى وقتا طويلا، قلت لأيّوب.

لا. لا نبقى طويلا.

ولا نأكل عندهم.

لا. لا نأكل عندهم. ولماذا نأكل عندهم.

أو نحمل أكلاً معنا.

ولم نحمل أيّ شيء معنا من عندهم.

كان الشاب الصغير لطيفاً وخجولاً. وكان بالفعل ضعيفاً جدا في الرياضيات. كان ودوداً ولا يتوقف عن الكلام عن حبه لكرة السلة. كانت الخادمة تحمل إلينا الشاي والحلويات والعصير فلا نجد أيّ مشكلة في الأكل طالما أننا كنا لوحدنا في غرفته بعيداً عن مائدة الأهل أو عن المطبخ، عند أبي.

كان أيّوب يبقى طيلة الوقت يستكشف أغراض الغرفة. ولأني لم أكن بحاجة إليه كنت أعتقد أنـّه لن يرافقني في اليوم التالي. لكنـّه كان يأتيني كل صباح أكثر حماساً لمرافقتي إلى بيت معلـّم أبي وفي رأسه غرض يريد اكتشافه أو اللعب به.

في طريقنا، ذهاباً ومجيئاً، كان يحدّثني بإعجاب كبير عن تلك الأغراض وبخاصة ذلك الكمبيوتر "أميغا" الذي يبدو أنـّه يحوي أكثر من

ألف لعبة. ليست ألعاباً بمعنى أنـّها للأطفال، يقول أيّوب، إنـّها هندسات الكترونية عجيبة. شيء عجيب يا رجل.

أنا، كنت أقوم بمهمـّتي بشكل جدّي على أمل أن أنتهي منها سريعاً.

وخلال أسبوعين استطاع الشاب الصغير أن يراجع معي الفصول المهمة. كان يوم سبت حين قلت له إنـّه صار الآن جاهزاً للسنة المقبلة. كان موافقاً تماماً وشكرني بحرارة وخجل كأنـّي أستاذ حقيقي. خرج من الغرفة وعاد مع أمه.

قالت أمّه بعد أن شكرتني كثيراً إنـّه علينا الاحتفال بهذه المناسبة ولو "على الخفيف". رفضتُ فوراً قائلاً إنّ أمي بحاجة إليّ ذلك المساء. حاولت أن أبدو ولداً مؤدباً يحترم وعوده لأمّه وأنا في الحقيقة قلِق من كيس ثياب قديمة أو بقايا أكل أو مبلغ من المال. اعتذرت وأنا أحاول الاقتراب من الباب الخارجي مكرّراً أنّ لا لزوم . . . لا لزوم. لكن أيّوب لم يكن يتحرّك معي باتجاه الباب. وفي لحظة قررت أن أخرج لو نجحت بالوصول إلى الباب الخارجي، وأن أتركه هناك.

قبل المدخل رأيت أبي يقف بمواجهتي في المسافة القريبة التي كانت متبقـّية لي للوصول إلى الباب.

فوجئت به إذ كان في وقت العصر يرتاح في البيت قبل خدمة العشاء. وهو لم يكن يلبس زيّ الطبّاخين، كما كنت أتخيله دائما في بيت معلـّمه.

قالت السيّدة، وهي تتقدّمنا إلى الشرفة[٣١] الواسعة، إنّ أبي حضّر لنا شيئاً خفيفاً للمناسبة . . . على السريع. ولأننا في عمرنا لا نحب الرسميات والجلوس إلى مائدة الأهل. وهي تعرف ذلك من ابنها.

على الشرفة الواسعة كانت الطاولة مليئة بأطباق كثيرة كأن لعشرين شخصاً.

٣١. شُرفة = بلكونة

كيف عرفوا بأنّه اليوم الأخير للدروس. هل قلت أمس شيئاً في البيت . . . أم أنّ الشاب الصغير قال لأمّه فرحاً . . . أم أنّه أيّوب . . .

جلس أيّوب ودعاني للجلوس بقربه. كنت أشعر بغضب حقيقي. كان يبدو لي أنّ اتفاقاً حدث بين أيّوب وأبي، لا أعرف له سبباً، وهو على أيّ حال ضدّي.

جلست إلى جانب أيّوب الذي أخذ يلعب بالسكاكين والشوك العديدة باحثاً عن استعمالاتها المختلفة . . .

كان أبي يبدو مُضحكاً وهو يحرّك الصحون والأطباق على الطاولة من دون لزوم. فقط لينشغل فلا يبقى واقفاً هكذا. قلت في نفسي لا بد أن تكون السيّدة هي التي طلبت منه ترك زي الطبّاخين للاحتفال بابنه وتكريمه . . . أما تزرير[٣٢] سُترة هذه البدلة الزرقاء الواسعة وتزرير القميص الأبيض تحته ورغم هذا الحرّ الشديد فلا بدّ أنّها فكرته كعلامة واضحة على شدّة أدبه، واحتراماً للموجودين.

حين جلسَت السيّدة معنا إلى جانب ابنها عرفتُ أنّ أبي سيبقى واقفاً. بقي واقفاً. لم يدعه أحد إلى الجلوس.

بقي أبي واقفاً. وأنا آكل ما في صحني بصعوبة شديدة وأجيب على أسئلة السيّدة باختصار لعلّنا ننتهي بسرعة . . . بالسرعة الممكنة، إذ ودون أن أنظر إليه أبداً لم أكن أعرف كيف يشغل أبي الوقت، كيف سيشغل جسمه على الشرفة الواسعة حتى ننتهي من الأكل، واقفاً هكذا، إذ كانت الخادمة هي من تحمل الأطباق إلى المطبخ وتغيّر الصحون.

كلّما حاولت الإسراع في إفراغ صحني كان أبي يسارع إلى ملئه، وملء صحون الآخرين وبخاصة صحن أيّوب، ثم يعود إلى وقفته قريباً منا.

شو يا شيف، أيّهما ابنك؟

هذا، قال أبي وهو يشير بيده إليّ، أطال الله عمرك.

---

٣٢. تزرير = to button up

فجأة كان المعلـّم يقف عند الباب الذي يفصل الشرفة عن غرفة السفرة. أشار لي أبي بأن أقف، فوقفت. لم ينظر الرجل إليّ ولم يسلـّم عليّ. برافو، قال معلـّم أبي. تركت السيّدة مكانها بسرعة ووقفت بقربه لعلـّه يريد منها شيئاً. قال لها لا . . .

ثم قال للسيّدة مُشيراً إلى أبي . . . هذه البدلة الزرقاء ما زالت جديدة. ثم أكمل وهو يسير داخل غرفة السفرة . . . قلت لكِ أن تعطيها لابن أخي، لِمنصور . . . ما زالت البدلة جديدة . . . قولي له أن يخلعها بسرعة . . . نظرتُ ناحية أيّوب فوجدته يتحدّث مع الشاب الصغير. نظرتُ إلى أبي فوجدته يرفع ذراعه قلقاً، باحثاً ربما عن بُقعة[٣٣] عرق تحت إبطه قبل أن يسارع إلى فكّ أزرار البذلة وهو يتجه مُسرعاً إلى الداخل.

12

أذهب إلى الثانوية وقت انتهاء الدروس. أقف بعيداً، عند البوابة الحديدية الكبيرة. أدخـّن وأنا أنظر باتجاه آخر حتى لا يعتقدوا أنـّي أنتظرهم. وأقف بعيداً أيضا لأنّ الناظر منع التلاميذ من الاقتراب منّي . . . ثم منعني من الاقتراب من مبنى المدرسة، خاصة حين رآني أدخن.

٣٣. بـُقعة = stain

في البداية كانوا يتجمّعون حولي احتفالاً بتركي الثانوية وبحرّيتي في ترك الدراسة، يؤكدون لي أنّـي على حق، إذ لا تنفعنا الدروس في شيء في هذا البلد، يقولون.

وفي البداية كانوا يسألون عن أيّوب.

الآن صرت أقف هكذا بعيداً، أدخن وأنا أنظر إليهم سِرّاً. فالآن لا يقترب منّي سوى قِلـّة. هؤلاء الذين لم يكونوا أصحابي.

هؤلاء الذين كنت أسمـّيهم جماعة الصفوف الخلفية. منهم من ترك المدرسة مثلي ومنهم من لم يتركها.

كنت أنا من ذهبتُ إليهم في البداية. وكأنـّهم فوجئوا بي إذ كانوا يعتقدون أنـّي -أنا الشاطر- لا بد أنـّي تركت المدرسة مُضطراً للعمل مثلاً. أنّ من كان مؤدباً مثلي، ومن جماعة الصفوف الأمامية، لا يتركون المدرسة. فحياتهم الصغيرة لا معنى لها خارج الدفاتر وابتسامات المدرسين.

لم يأخذوا كلامي بجدّية ولم يُظهروا أيّ احترام لي. وربما لم يصدّقوني حين قلت لهم إنـّي تركت المدرسة باختياري، هكذا، مللت، وإنّ أبي لا يحكمني.

ثم بدأوا يتركونني أمشي معهم دون حماس . . . ومرة قرّبوا من وجهي الصور الجنسية التي سيضعونها في سيارة معلـّمة الفرنسية الجميلة. ونجحت في امتحاناتي الأولى دون صعوبات . . بل أنّ الوقت لم يتأخر حتى بدأوا يُفاجأون بي، بأفكاري وبسيري نحو مراكز القيادة . . وأنا كان عندي رغبة قوية جداً في الخروج من الكثرة إلى التميـّز. لم أكن أخاف منهم. كنت أخاف من البقاء في منطقة الظلّ. كنت قلقاً باستمرار، وجاهزاً للخروج من دائرة العامة. حيث يتجمّع الجند العاديون بعيداً عن القادة.

كنا نلتقي مساءً أو في أوّل الليل. فهمت سريعاً أنـّه يجب عليّ ألاّ أسأل إلى أين نذهب إذ لم يكن أحد يفعل ذلك. نمشي وراء "الروديو" أو

بجانبه. لا نتنادى إلاّ بألقابنا حين نكون معاً. والروديو، لقب زعيمنا، هو الأبعد عن اسمه الحقيقي—كميل—وليس فيه أيّ سُخرية.

عذابي أنا كان في أنّـهم كانوا يسمّونني أحياناً "الحمل[٣٤] الوديع" وهو بالضبط ما كنت أكرهه . . ."الحمل الوديع" كان يشدّني إلى الخلف. كان عليّ أن أنسيهم الحمل الوديع.

كنا نسير إلى جانبه أو خلفه دون كلام. وكنا نكسر بسرعة مرايا السيارات التي نمرّ بجانبها في الشوارع حتى نسمع أجهزة الإنذار[٣٥]، فتنفتح فوق رؤوسنا النوافذ وتطلّ الرؤوس الخارجة من النوم فزعة.

نبقى على سيرنا البطيء، غير مُهتمين بالشتائم[٣٦] التي نردّ عليها بمثلها أو بأسوأ منها . . . أو نضحك عالياً.

كنا نبتعد بعد ذلك، ولكن ليس هرباً. فقط لم نكن نريد مواجهة مسلّحي الأحزاب والميليشيات. لم نكن نريد أيّ علاقة معهم.

وأنا، لم يكن عندي حماس حقيقي لألعابنا هذه إذ كنت أعرف أنّـها غير مُهمة في تراتبنا وليس لها وزن حقيقي في درجات التقدير.

---

٣٤. حَمَل = yeanling

٣٥. جهاز إنذار = alarm system

٣٦. شَتائم = insults

13

أعرف أنـّي مُغرم بسامية.

كانت قد فتحت لي بيتها وجسدها منذ شهور، لكني أحياناً أرغب بالنوم لوحدي، في بيتي.

لم تكن لقاءاتنا منتظمة قبل أن تترك أمّ سامية البيت إلى أستراليا. كنا نعتقد أنـّها سافرت لوقت قصير وأنـّها ستعود بعد أن تضع أخت سامية المهاجرة مولودها الأول. لكن، حين طال غيابها من دون خبر، لا رسائل ولا اتصالات، ذهبت سامية إلى مبنى البريد لتكلم أمها بالهاتف الدولي.

جلسنا في مقهى بعد أن رفضت سامية أن تخبرني بالمكالمة. أخذت سامية تدخن وهي تنظر إليّ. أمي لن تعود، قالت سامية. ستبقى في أستراليا . . وهي تريدني أن أذهب أيضاً . . في أقرب وقت . . وأن أترك مفاتيح البيت مع خالي أمين . . . وخالي أمين يعطيني ثمن تذكرة السفر . .

ثم أخذت سامية تبكي.

لم تعُد سامية تخجل من الدخول ورائي إلى غرفتي أثناء وجود أبي في البيت. أجلستها على سريري، قبـّلتها بقوة وقلت لها: لن تسافري.

وبعد يومين من المكالمة في مركز البريد أيقظني أبي من النوم. قال: سامية تريدك أن تنزل إليها بسرعة. غسلت وجهي ونزلت.

خالي أمين قال إنّ عليّ أن أسافر الأسبوع المقبل، قالت سامية. أولاً لأنّ بنتاً لا تقيم لوحدها هكذا، وثانياً لأنـّه لا يستطيع حمايتي. وقال إنـّه بحاجة ضرورية للبيت.

هل تتكلم معه؟ سألتني سامية.

لم أضطر للزواج بسامية. تفاهمتُ بسرعة مع خالها. كان تاجر سلاح يريد البيت مَخبأ. أفهمته بأنـّي سأحمي سامية وأحمي الصناديق[٣٧] التي ستكون موجودة في غرفة واحدة فقط.

---

٣٧. صندوق - صناديق = box

كان جباناً، وكنتُ مُقنعاً بالمسدس[٣٨] الذي كنت أضعه تحت جاكيتي. ظنّ أنـّي أنتمي إلى إحدى ميليشيات المنطقة.

قلت لسامية إنـّي أحبها وإنـّي سأتزوجها حين نقرّر نحن الاثنان. كنت سعيداً بحبّي وبقدرتي على حمايتها وإبقائها بقربي. وصارت امرأتي في السرير لا بنتاً أنام معها من وقت لآخر. وصارت تغسل ثيابي بالطبيعية نفسها التي تتمشّى فيها عارية في البيت . . . وصارت لا تزعل إن ذهبت عنها أياماً أو نمت في غرفتي فوق.

فتحتُ الباب فوجدتها نائمة على الكنبة الكبيرة. رائحة السمك المقلي تملأ البيت والطاولة جاهزة.

الفجر كان قريباً. أبي أيضاً نائم في غرفة الصالون لم يدخل غرفته. لكن أبي لم يعُد ينتظر عودتي من زمان.

لم تكن غرفتي مرتّبة. أصبح لا يفعل ذلك منذ زمن. وأصبح لايحضّر لي العشاء.

14

إنـّه وحيد، قلت للروديو. ليس للخال أحد. ولكنـّه يظن أنـّي أحميه، لأنـّه يدفع كل هذا المال. هذا رجل بلا أخلاق.

سننكشف، قال الروديو.

---

٣٨. مُسدّس = gun

نعم، سننكشف، أجبته . . . الحكاية الآن ليست حكاية صناديق.
هل أكّد لك أنّ ما بداخل الكونتينر سلاح؟ ربما فيه حشيش.

15

بعد أن تزوجت سامية أخذت أسمّيه الخال، أهلاً بالخال . . . كيف الخال، أقول له دون ترحيب حقيقي. لا أشاركه الأكل حين تحضّر له سامية الطعام إذ كنت أفهمه أنّ هناك مسافة بيني وبينه هي بالفعل احتقار[٣٩] صغير. أخرج من البيت قبل انتهاء زياراته، القصيرة والقليلة، كاذباً بأنّ عندي موعد مهم أو عمل . . . وكنت أعرف أنّ هذا الاحتقار الصغير يزيده احتراماً لي.

وهو، كان بلا أخلاق. خالك رجل بلا أخلاق. خالك رجل بلا أخلاق، أقول لسامية فتهزّ رأسها موافقة، ومُعتقدة أنّي أعني بيع السلاح . . . ولا أتساءل لماذا لا تشك سامية بأخلاقي، فأنا شريك في تجارة خالها. أعرف أنّها لا تفعل.

أصبحت أقوى من الروديو، لأني أكثر منه ذكاءً. وهو كان ضعيفاً في انكشافه أخلاقياً أمامي. في معرفتي بأسراره. حين عرفتُ أنّه تاجر بالهيرويين سرّا عنّي تأسف. أخذته إلى مقهى جميل هادىء على البحر.

---

٣٩. احتقار = disdain

هل تعطي أخاك أبيض يا روديو؟ هل تقتله بالهيروين . . . نحن نتاجر بالحشيش لأنّـه لا يقتل.

كان الروديو صامتاً ينظر إلى الأرض. لماذا تريد المزيد من المال؟ كم تريد مزيداً من المال؟

طلبت زجاجة شمبانيا.

قال الروديو بشدّة: أنا لا أخون[٤٠]. قلت: لقد خنتَ، فعلتها وانتهى. ليس الأمر كذلك، قال وهو يبكي تقريباً. قلتُ إذا بكيتَ لن تراني ثانيةً في حياتك. لا أحتاج إلى نساء. من قال إنـّي سأبكي، قال بعنف . . . وجاء الغرسون وفتح الشمبانيا.

ملأت الكأسين وشربنا قليلاً.

شوف يا كميل، قلت له يا كميل، ناديته باسمه الحقيقي: نحن نعرف بعضنا من زمان. منذ أيام الثانوية. لماذا اخترتك أنت؟ لأنك رجل نظيف. هل تعتقد أنـّي لا أحب المال، أعني الكثير من المال؟ سيكون لدينا الكثير من المال لكن الفرق هو بين الصدق والخيانة. انظر حولك. مَن لنا غير بعض الآن؟ لماذا لم نلتحق بالأحزاب والميليشيات؟

ظل الروديو صامتاً.

لماذا ذهبتُ معك لقتل الخال يا روديو؟ لم يكن الأمر محتاجاً لاثنين. رصاصة[٤١] واحدة من مسدس واحد كانت كافية.

صحيح، قال الروديو . . . جئت معي لنكون معاً.

تمام يا كميل . . . ولماذا قتلنا الرجل؟ هل نحن نحب القتل؟ هل سنربح مالاً من قتله؟ لا . . . قتلناه لأنـّه كذّاب وبلا أخلاق.

كان علينا قتله، قال الروديو، وقتلناه . . . لماذا نعود الآن إلى حكاية الخال؟

---

٤٠. خان - يخون - خِيانة = to betray

٤١. رصاصة - رصاص = bullet

لقد قررت قتله لأنـّه خال زوجتي. الوحيد في عائلتها. وكان يريد أن يأخذها منّي، من الرجل الذي تحبه والذي يحميها. أنا زوجها وأبو أولادها القادمين.

من أجل المال. من أجل المزيد من المال كان يريد أن يبيع سامية ويبيعني ويبيعك يا كميل. هل ترى مشكلتي؟ عذابي؟

16

نعم . . . القتل. القتل. لا للدفاع[٤٢] عن النفس. ولا من أجل الخلاص من الخَوَنة والكذابين. ولكن كيف أعرفهم؟ يجب أن أطلق الرصاص في رؤوسهم أولاً. إنـّهم العالم كله. الناس. كلّ الناس. أبي لا يقدر سوى على قتل أمي. قتلها ولم يندم. ولم يعلـّمني الندم والنسيان.

لا أحد يفهمني. لا أحد يفهمني.

لماذا لم أقتل الخال؟ لماذا تركت الروديو يقتله؟ كان عليّ أن أمسك بالمسدس. أن أراه يراني. أنا. مبتسماً ابتسامتي التي يعرفها. وهو تحتي. وأمسك بالمسدس بقوة على رأسه ليرى الموت. ليرى أنـّي الموت. ثم أطلق. رصاصة واحدة قبل انفجار الدم.

كذب كل ما أقوله للروديو. ليس كذباً كالكذب. فقط لا أقول له كل شيء. لا أقول له كل شيء لأني أعرف أنـّه لن يفهم عليّ. رغبتي القوية

٤٢. دافع - يدافع - دِفاع = to defend

بالقتل هذه سيفهمها بشكل مختلف. وسيصبح قاتلاً. قاتلاً من أجل القتل.

نعم. نعم. القتل من أجل القتل. هذه حمّى[٤٣] أشعر بها أحياناً . . . أشعر بها نازلة من السماء . . وأشعر أنـّها ستنظفني.

المال . . . المال . . .

هذا درس حفظته. قضيت حياتي أدرسه، أشربه شرباً. طول عمري وأنا أتعذب بسبب المال وقلـّته.

لكن سرّه انكشف لي الآن. لم أعُد ذلك الرومنطيقي. أعرف كيف يفسد[٤٤] المال الناس، كيف يعطيهم شعوراً كاذباً بالقوة والقدرة، أعرف ذلك الآن جيداً لأنّ الحصول على المال، على الكثير منه، على المزيد منه، أمر سهل. أمر سهل وطريقُه مفتوحة.

17

. . واتجمـّعوا يا لبيبيل، صحبة وأناااا معهم . .

قلت لسامية: أقلبي الكاسيت.

—لماذا لا تضع سي دي؟ الصوت أحسن في السي دي منه في الكاسيت . . . من يستمع الآن إلى الكاسيتات القديمة؟ قالت سامية.

٤٣. حـُمـّى = fever

٤٤. أفسد - يفسد = to corrupt

—لا، أنا لي حكاية مع الكاسيتات . . وأمّ كلثوم تسمعينها إمّا على فينيل وإما على الكاسيتات.

—إذن سأشتري لك ووكمن.

—لا، لا تشتري لي ووكمن. أنا لست مُـتخلفاً[٤٥].

—لا، هناك الآن ووكمن صغير جداً.

—لأنك لا تحبين سماع أم كلثوم.

—سأشتري لك ووكمن: هدية منّي.

—اقلبي الكاسيت يا سامية.

—لما تزعل هكذا؟ أنت كل يوم تشتري لي هدايا . .

—خلصنا يا سامية . . أشتري لك هدايا، ما المشكلة؟ ماذا نفعل بكل هذه الأموال؟

—نشتري فراولة. منذ أسبوع وأنا أطلب فراولة.

—أول الموسم لا تكون الفاكهة طيّبة . .

لماذا أصبح مزاجي هكذا؟ أصبح يتغيّر مزاجي فجأة أحياناً ولا أعرف السبب. أغضب فجأة. أكره ذلك فيّ . .

أنظر إلى سامية الجميلة. أنظر إليها. أقترب منها آخذها بين ذراعي وأشم[٤٦] رائحتها التي تشبه رائحة الخبز الطازج . . الساخن، الخارج من الفرن.

فراولة؟ لماذا فراولة؟ هل أنت حامل يا سامية؟ أعدّ في رأسي الأيام . . لا، ليس الآن. ستكون سامية أمّ أولادي لكن ليس الآن.

ماذا كنت سأفعل لو لم تكن سامية معي. لو لم تكن هي امرأتي.

---

٤٥. مُتخَلّف = retarded

٤٦. شمّ - يشُمّ = to smell

18

انتقلنا للعيش في منطقة أخرى، بعيدة. كنت أشعر بها بعيدة ربما لأنـّها مختلفة عن الحيّ القديم.

أسكنت الروديو في شقة سامية. وأفهمته بأنـّي سأحتفظ بالمفاتيح لأني قد أزور الشقة في أيّ وقت.

ظللت أزور الحيّ القديم بسبب أبي الذي رفض ترك بيته. كانت زياراتي له قليلة جداً، فهو رفض أن ينتقل إلى شقتي الجديدة. شقتي الجديدة التي لم يزرها أبي أبداً رغم الفرح الذي يظهر عليه عندما أجيب على أسئلته الكثيرة عن عدد غرفها وصالوناتها وشرفاتها على البحر. تسهر على الشرفة حين يكون الطقس جيداً، يسألني. وأفكـّر أنـّه ربما يتخيـّل شرفتي هذه تشبه شرفة بيت معلـّمه الذي هاجر مع كامل أسرته إلى بلد خليجي.

لم يكن عند أبي مشكلة حقيقية حين أدعوه للسكن معي أو حتى لزيارتي في بيتي الجديد ليقضي بعض الأيام. فقط يؤجـّل الزيارة. في المرّة المقبلة، يقول، أو في العيد. لكنـّه لم يأت أبداً.

ولم يكن أبي يسألني من أين جئتُ بكل هذا المال. لم يكن يعرف ما عندي من مال، لكنـّه أكيد يعرف ما يستلزمه العيش الذي أعيشه. فهو يعرف عيشة الأغنياء وباستطاعته أن يخمـّن . .

كنت أرسل مالاً إلى والدي وكان الروديو يرجعه إليّ قائلاً إنّ العجوز ليس بحاجة إليه وإنـّه وعد بأنـّه سيأخذه في المرة المقبلة إذ سيحتاجه أكيد. كان ذلك يُغضبني منه. يغضبني أيضاً وصف الروديو لأبي بالعجوز.

وكنت أترك المال تحت مفرش طاولة السفرة في زياراتي لوالدي. ولكني كنت أجده ما زال مكانه في زياراتي التالية. وكنت لا أسأله.

لا يجد أبي، حين أزوره، موضوعاً يحادثني فيه، أو خبراً يقوله لي أو سؤالاً عن حياتي. طوال حياته كان قليل الكلام لكنّه يبدو الآن قليل الاهتمام بما يحدث حوله وله.

حين آتي لزيارته يقوم أبي إلى المطبخ كأنّه يشغل نفسه إذ هو يعرف أنّي لن آكل عنده. مع هذا يضع أطباق فارغة على طاولة السفرة كأنّه يحضّر وجبة. وغالباً ما أخمن أنّ مطبخه فارغ، وأنّ لا أكل لديه لا في البرّاد ولا في الفرن. أنّ مطبخه فارغ تماماً.

حين أراه هكذا قليل الاهتمام بالأشياء وبي أقول له: سامية تسلّم عليك وستأتي قريباً لزيارتك. يقول أبي: الله يسلّمها، ولا يسألني مثلاً إن كانت حامل أو إن كنا ننوي إنجاب الأطفال كما يسأل الأهل الذين يتقدّمون في العمر.

في كل مرّة أزوره يبدو بيت أبي أقلّ مساحة ووسعاً. في الماضي لم أكن أجد بيتنا صغيراً وضيّق الحجرات هكذا. هل كان ذلك بسبب صغر جسمي، أم لأني أعيش الآن في شقة كبيرة واسعة؟ أم أنّ ذلك بسبب حركتنا الكثيرة حين كنت ولداً وكانت أمي ما تزال في البيت؟

ثم أقول إنّي في الحقيقة لا أتحرك، حين أزور أبي في بيته، سوى في مساحة صغيرة، بين الصالون وغرفة السفرة. فأنا لا أدخل غرفتي ولا غرفة أهلي ولا المطبخ. لا أدخل غرفتي أبداً. لا أريد أن أعرف أنّه أبقاها لي كما كانت لكن نظيفة مرتّبة. ولا أدخل غرفتي أبداً لأني لا أحب أن أرى نفسي ولداً فيها. وأنا لا أشعر بالحزن على موت ذلك الولد.

ولا أدخل غرفة أهلي لأني لا أريد أن أرى غياب أمي. لا أريد أن أعرف إن كان أفرغ الخزانة الكبيرة من ثيابها، ولا أن أرى الثياب ما زالت هناك.

لا أريد أن أعرف إن كان نسيها تماماً وأفرغ الخزانة من ثيابها أو إن كان يتذكرها كل مساء ويبكي وحيداً.

لا أريد أن أعرف لا ندمه ولا نسيانه.

أنظر إلى ساعتي وأقف. أقول طيّب، عليّ الذهاب الآن. فلا يطلب منّي أن أبقى. ولا يسألني عن موعد زيارتي المقبلة.

19

تحملني العاصفة[٤٧] من شقتي إلى بيتنا. إلى بيت أمي وأبي، وإلى بيتي صغيراً. يحضُر بيتنا، في العاصفة. ولا تقول سامية أيّ شيء حين ترى أنـّي آخذ كمية كبيرة من الكوكايين، فتخرج من الغرفة.

العاصفة التي لا تطول عادة، تكسرني نصفين. أرى أشياء لا معنى لها، صغيرة، تعذبني عذاباً شديداً. حتى الكوكايين لا يبرّد رأسي، بل يحملها إلى منطقة الكوابيس[٤٨]، في الظلمة التي لا يضيئها شيء.

أرى رؤوس الأشجار تضرب الشباك كالشياطين، وأسمع صوت أبي وهو يضحك بصوت مُخيف. تقول لي أمي إنـّه صوت الريح لا ضحكات أبي. يا الله! يا الله! أحاول ألاّ أصرخ. إنـّها العاصفة التي تأخذني إلى الكوابيس. تعذبني هكذا حين أعود إلى سن الرابعة وأنا الآن في الثلاثين.

ستهدأ العاصفة. فهي لا تطول عادةً. وسأعود إلى شقتنا الجديدة الواسعة تاركاً بيت أهلي. بيت أبي الذي قررت أن أباعد بين زياراتي له . . . وأن أفكر ربما بألاّ أزوره مرة أخرى أبداً. يشجّعني على ذلك

٤٧. عاصفة = storm

٤٨. كابوس - كوابيس = nightmare

عدم اهتمام أبي بي، ونسيانه لمواعيد زياراتي الأخيرة التي لا يهتم بتباعدها ولا يسأل عن أسباب طول غيابي.

لا يقلق من طول غيابي ولا يدعوني لزيارة مقبلة قريبة . . . حتى أنـّه في زياراتي الأخيرة لم يدخل المطبخ. بقي جالساً على الأرض مسنداً ظهره إلى الكنبة. وقبل أن أقول له "طيّب، عليّ الذهاب الآن" قال وهو ينظر في اتجاهي، لا في وجهي: جاء أيّوب عدة مرات وسأل عنك.

20

المطر شديد ولا نرى شيئاً. ليل بلا قمر. لا سيارات على مقربة ولا أنوار.

كميـّة الحشيش التي دخـّنتها عطّلت رأسي. لا أدري منذ متى تسير بنا السيارة هكذا.

كأنـّي استيقظت فجأة حين توقفت السيارة.

—فظيع هذا المطر، قلت. فلم يجب الروديو.

—لن يجدونا إن لم تضىء أنوار السيارة، قلت.

ولكن الروديو لم يجبني.

كان غريباً ألاّ أفكر بنفسي، بما سيحصل لي. ألاّ أشعر بالخوف، ربما بسبب الحشيش.

كان الروديو يقول إنه يحبني ويكرّر موضوع الفيلا بأن لا أحد يستطيع حمايتي في ذلك البيت. ليس من أجل المزيد من المال بل لأنّ

لعبة المتاجرة كبرت. الميليشيات يقتتلون ككلاب الشوارع. ولن يتركونا. يجب أن نعطيهم شيئاً، كان يقول الروديو.

يحبني الروديو ونضحك كثيراً معا حين نقضي السهرات ندخن الحشيش ونتفرج على الأفلام الكوميدية.

تذكرت فيلماً فأخذت أضحك بصوت عال. نظر إليّ الروديو خائفاً. قلت له: لا تخف إنّه الحشيش. إنّه الحشيش. غريب رأس الإنسان يا رجل فأنا لا أشعر بأي خوف. الخوف يحمي الإنسان. لكني لا أستطيع أن أقنع نفسي بالخوف منك يا كميل.

نظر إليّ وقال: لا تخف. يريدون الكلام معك ومعرفة بعض الأشياء.

يكذب الروديو عليّ في هذه اللحظة. وهو يعرف أنّي لا أحمل سلاحاً، ونحن الاثنان نعرف أنّه أقوى منّي جسدياً. ومع ذلك يكذب عليّ لأنّه خائف منهم. وهذا يعني في كل الأحوال أنّه لن يقتلني بيده.

لقد خانني وانتهى الأمر. لا ينفع[٤٩] الآن الكلام. إنّه خائف أكثر منّي.

لكني نعسان ولست خائفاً. هي نعمة من الرب أن أكون دخنت هذه الكمية من الحشيش.

—لكن سامية لا تعرف شيئاً، قلت للروديو.

—مفهوم، أجاب الروديو دون أن ينظر إليّ.

يعرف الروديو أنّي حين أقول له إنّ سامية لا تعرف شيئاً فإنّ هذا يعني أنّي لن أقول شيئاً، وإذن ليس من المُفيد أذيّة سامية بعد قتلي.

ها أنا قبل موتي بقليل أفكر بأشياء غبية. أنتظر مرور صور حياتي، كما يقولون في الأفلام، فلا أرى شيئاً. لا صور ولا شيء. أقول ربما عليّ أن أستحضِر وجه أمي ليكون موتي أقلّ عنفاً . . . لكن لا وجه يحضُرني في هذا الليل الأخير . . . وأقول ربما هكذا يموت الناس . . .

٤٩. لا ينفع = useless

طلقات رصاص . . . وأستيقظ ثم أجد نفسي على الأرض. لم أره يفتح باب السيارة. كان الروديو يشدّني، من الخلف، وجهي إلى المطر لا أستطيع فتح عيني لأرى ما يحدث . . . ولكنّه كان يقول: بسرعة. بسرعة. قف على قدميك.

. . . والماء النازل من السماء يوقظني أيضاً فأقف على قدميّ لكن الروديو يظلّ يشدّني.

اتركني، لا تخف، أقول له. لا أرى شيئاً، يقول.

إننا الآن ننزل بسرعة، وسط الشجر. ونركض.

نرى أضواء سياراتهم على الطريق. ونركض.

ثم نصل إلى حديقة فيلا ونبقى فيها.

يعرفون أننا هربنا، قلت.

طبعاً يعرفون، قال الروديو. وسيزداد غضبهم الآن.

ثم قال: يجب أن نخرج من هنا سريعاً ونصل البيت قبلهم.

—أيّ بيت؟

—إلى بيتك. لنأخذ المال والباسبورتات . . . وسامية.

—المال ليس في البيت.

—لا أقصد كل المال . . . ولكن أيّ مبلغ . . . علينا أن نترك البلاد.

—لماذا لا نذهب إلى بيتك. أليس معك مال هناك؟

—نعم، لكنّهم الآن هناك. بقي اثنان منهم في البيت منذ مساء أمس بانتظار عودتي. لا وقت لدينا. هذا مسدسي. خذ مسدسي.

أعطاني الروديو مسدسه ووقف أمامي.

—لماذا لم تقل لي، قلت له بصوت هادىء. لماذا لم تقل لي فوراً إنّك خنتني. إنّهم اتصلوا بك وإنّك اضطررت لخيانتي.

—لست أنا من خانك يا غبي. لست بحاجة لخيانتك. أعرف أين تخبىء كل أموالك. أعرف أنّها في غرفتك في بيت أبيك. كان باستطاعتي

أخذها والهروب ولا أحد سيجدني. أذهب إلى آخر الدنيا قبل أن تستفيقوا من النوم. تعتقد أنّي حمار أيها الحمار؟ قِف بسرعة لنخرج من هنا . . اسأل أباك إذا التقيتما مرة أخرى في هذه الدنيا.

—أبي؟

—لقد قتلته في بيت أبيك. أمام عينيه. كان يزور أباك أحياناً، يسأله عنك. يدور حول البيت في الليل. كلّمته عدة مرات ولكنّه قال إنّه موضوع بينك وبينه. تأكّدت من أنّه خانك بعد أن قتلته. لأنّهم وصلوا إلينا.

سنتكلم في كل شيء فيما بعد . . علينا أن نجد سيارة. أو هاتف قريب لتكلم سامية. فوراً.

21

على الباخرة حصل كل ذلك. على الباخرة التي أخذتنا إلى قبرص. ظنّت سامية أنّه برد البحر لكنّها كانت الحُمّى.

الحمّى التي نزلت فيّ هكذا في لحظات. الحمى التي، في ليلة واحدة، غيّرتني. أصبحت رجلاً آخر لا أعرف كيف. دخلت الباخرة رجلاً وخرجت منها رجلاً آخر. كان عندي قوّة قضيت كل حياتي أبنيها حجراً حجراً، كأنّ ليلة الباخرة دمّرت تلك القوة بضربة واحدة.

قلبي القوي وقع منّي. كنت أرتجف[٥٠] خوفاً كلّما اقترب منّي أحد. صرت أنظر حولي، أتخيّل أنّ رجلاً يقف ورائي في الظلمة سيضربني على رأسي من الخلف. رجل لا أعرفه ولا يعرفني ولا سبب مفهوماً ليضربني. يضربني على رأسي معتقداً أنّي شخص آخر . . . أو لأنّه مجنون.

اقترب منّي طبيب الباخرة قائلاً إنّها الحمّى. لم أتركه يلمسني. قال: اتركوه. أعطوه هذا الدواء.

أيّة حمّى . . . أيّة حمى يا الله!

إنّه أبي. روحه دخلت جسمي. في ليلة الباخرة قُتل أبي فدخلت روحه فيّ.

قلت لسامية قتلوا أبي، فابتعدت عنّي خائفة. ابتعدت وصارت تنظر إليّ من بعيد لترى إن كانت الحمّى ذهبت عنّي.

قتلوا أبي انتقاماً[٥١] منّي. قتلوا أبي لأنهم وجدوا المال في بيته. قتلوا أبي لأنهم وجدوا الجثّة[٥٢] في غرفتي.

جثة من؟ جثة من وجدوا في بيت أبي؟

أحاول أن أتذكر اسمه، لأسترجع وجهه. ذلك القتيل الذي سيُرجع لي ذاكرتي القريبة، وتلك البعيدة أيضاً حتى أفهم ما حدث لي. حتى لا أستمرّ هكذا فيعتقد الجميع، وبخاصة سامية، أنّي مجنون. حتى تقترب منّي سامية. الخائفة. الضائعة. والوحيدة الآن.

لا أفهم البحر ولا أيّ شيء آخر. لم أسافر من قبل. لا في البحر ولا في السماء. لم أترك تلك البلاد ولا حياتي الصغيرة. القليلة.

ما الذي بقي في رأسي؟ أخذت أسأل نفسي إن كان بقي في رأسي شيء مِمّا تعلّمته في المدرسة مثلاً. إن كنت أتذكر شيئاً عن الحرب العالمية

---

٥٠. ارتجف - يرتجف = to tremble

٥١. انتقم - ينتقِم = to revenge

٥٢. جُثّة - جُثث = جسم الميت

الثانية، مثلاً. عن إعراب الجملة الإسمية، مثلاً. فأجد أبيض واسعاً إلى ما لا نهاية.

غريب. غريب. ماذا فعلت كل هذه السنين؟ كنت مجتهداً جداً. سنة بعد سنة بعد سنة، عيناي وأذناي مفتوحة تستمع إلى المعلّمة والمعلّم. ذهني يسجّل ويحفظ في النهار وفي الليل، حتى أنام على الطاولة دون عشاء، فوق دفاتري.

أنّ وأخواتها تنصب المبتدأ وترفع الخبر . . . أم العكس؟ للماء جزئيتان من الهيدروجين وواحدة من الأوكسجين . . . أم العكس؟

لا أرى هذه الشمس، ولا أرى السماء. لا أرى شيئاً . . . هل الفجر دائماً هكذا في البحر . .

العمى[٥٣]، هدية من الحياة أحياناً. عدم الرؤية. تقول لك الحياة أحيانا: نم. أغمِض عينيك. لا تفتحهما. لن ترى شيئاً. تقول لك الحياة أحياناً: أغمض عينيك. نم.

22

تلازمني سامية دائماً. طول الوقت. وحين تراني ناظراً أمامي في البحر تعتقد أنـّي حزين على ترك البلاد.

---

٥٣. العمَى = عدم الرؤية

عندنا كل الوقت، تقول سامية. وأنا أعرف أنـّها في داخلها تريد ترك قبرص والذهاب إلى أهلها في أستراليا. وأعرف أيضاً أننا لا نملك كل الوقت ولا الكثير من المال لأنّ المال الذي حملناه معنا قليل وسينفذ بسرعة.

لا شيء يضطرنا للذهاب إلى أستراليا، تقول سامية. وهي تعتقد أنـّي أخاف أستراليا لأنـّها بعيدة جداً، لأنـّها الطرف الآخر للأرض. لأنّ لا أحد يعود من أستراليا. إنـّها أرض الهجرة الأكيدة النهائية. وهي تعتقد أنـّي أخاف أستراليا لأني أخاف أهلها. لا أريد أن أذهب إليهم هكذا، فارغ اليدين، ليُطعموني ويجدوا لي عملاً معهم . . . وأنا لا أجيد أية مهنة.

لكن سامية تريدني أن أتخيـّل أنّ العمل مع أهلها في محطة البنزين أو في السوبرماركت المجاور للمحطة سهل، لا يحتاج معرفة أية مهنة أو حتى البحث عن مسكن.

ثم ننتقل بعدها مثلاً للعيش لوحدنا ونفتح محلاً خاصاً بنا، تقول سامية.

وحين تجد سامية أنـّي ما أزال أنظر في البحر شارداً في أفكاري لا أجيب، تستدير هي أيضاً إلى البحر وتتوقـّف عن الكلام. ودون أن أنظر إليها أعرف أنـّها تبكي الآن.

وأعرف من دون أن أنظر إليها أنـّها لن تنتظر طويلاً. أنـّها ستتركني بعد وقت قصير وتذهب إلى أهلها. ليس فقط بسبب فقري بل لأنـّها سوف ترى أنـّي غير ذلك الرجل الذي أحبـّته. وديع آخر. فارغ من كل ما كان فيه. وأنـّي لو أردت أنا نفسي أن أعرّفها بالوديع الآخر لما وجدت شيئاً أقوله. ولا كلمة واحدة.

23

مرّت الأيام والشهور ولم تتركني سامية، ولم تذهب إلى أهلها في أستراليا. مضت الأيام والشهور وأنا أستيقظ كل صباح لأجدها ما زالت بقربي. بجانبي. معي. وأقول إنّه الصباح الأخير لأنّها ما زالت تعيش على الذكريات. على ذكريات ما كنت، على أمل أن أعود ذلك الرجل الذي أحبّته. أقول إنّه الصباح الأخير ثم أستيقظ في الصباح التالي وأجدها لا زالت بقربي. كما البارحة.

ولا أتخيل أن تتركني أو أن تهرب منّي في النهار. لا أتخيل أن تجمع أغراضها في الحقائب وأن تسلّم عليّ وتتمنى لي السلامة والتوفيق. لن يحدث هكذا. مستحيل. حين تتركني سامية سيكون ذلك في الليل وأنا نائم. ستأخذ القليل الضروري من أغراضها، تغلق الباب بهدوء وراءها، تنزل إلى الشارع، تركب تاكسي. ثم تختفي.

أقول في نفسي إنّ ذلك ربما كان أفضل لي، وإنّه يجب أن أقتنع بما سوف يحصل بشكل أكيد. لكني أجد نفسي مستيقظاً عند الفجر باحثاً عنها بقربي.

دائماً أصحو قبلها. أصحو في الفجر ولو لم أنم سوى ساعات قليلة. أدور في الشقة مكتئباً[٥٤] غضبان لا أعرف لماذا. يكون الفجر ثقيلاً مع أنّ سامية ما زالت هنا. ثم الصباح فارغاً كئيباً بطيئاً.

كل فجر هو امتحان شديد الصعوبة.

وأنا على الكنبة في الصالون أفكر أنّ هروب سامية سيكون خلاصاً أتمناه ولا أعترف به لنفسي.

أخرج إلى البلكون. أتفرّج على السيارات. وحين أرى سيارة صاحب مطعم البيتزا أرجع إلى الوراء، أجلس على الكرسي البلاستيكي.

---

٥٤. مُكتئب = depressed

لا أريد أن يصبّح أحد عليّ. لا بِـلـغة غريبة . . . ولا بلغتي.

لا "كاليميرا" ولا "غود مورنينغ" . . . ولا صباح الخير.

أعود إلى الكنبة في الصالون. لماذا كل فجر هو امتحان صعب؟ لماذا؟

لكن لماذا ينتحر[٥٥] الناس في الفجر؟ في سلام الفجر.

في الفجر أيضاً يأتي البكاء. يبكي الناس على موتاهم.

وأنا أدور حول موت أيّوب، حول مقتله. أدور أدور ولا أصل. أدور. أدور حول مقتل أيّوب. ولا أصل. أيّوب. أيّوب. أيّوب . . .

24

. . . وفي الليل أيضاً أسهر على البلكون لوحدي بعد أن تنعس سامية وتملّ من قِلـّة كلامي فتدخل الغرفة لتنام. أو تخرج.

. . . وكلـّما دخلت سامية الغرفة أشعر بالذنب[٥٦] لأنّ الأيام تمرّ وتتكرّر الليالي التي لا أنام فيها معها . . . حتى نسيت كم من الوقت مرّ علينا لم ننم فيه مع بعضنا . . . ثم أقول في نفسي: لا بأس، ربما سيسرّع ذلك في قرارها بتركي.

---

٥٥. انتحر - ينتحر = to commit suicide

٥٦. ذنب = guilt

يجب أن تذهب هذه المرأة إلى حياتها، إلى أهلها وناسها. يجب أن تفهم هذه المرأة أنّ لا معنى لبقائها مع رجل غائب، غير موجود. إلى متى ستبقى هكذا بقربي، لا تريد أن تترك رجلها.

أو هل ربما سأملّ أنا نفسي من سامية وأتركها؟ أصبح يـُتعبني قليلاً حبـّها للحياة، وتفاؤلها بأنّ الأيام القادمة ستحسّن الأحوال. كل الأحوال. وخاصة حالي أنا.

حرام سامية، أقول في نفسي وأنا أشعر بالذنب . . . والضيق[٥٧] . . .

هذه هي الحقيقة، أقول في نفسي، يبدو أنـّي بدأت أضيق بها. أسهر لوحدي بعد أن تنام وأستيقظ قبلها بساعات لأكون لوحدي. يبدو أنـّي بدأت أضيق بها لأنـّها ضاعت من مكانها كبقية أشياء حياتي. فحين ماتت أمي أصبحت سامية أماً لي. وكانت سامية صديقتي منذ كنا جيراناً. نتسلـّى كثيراً معاً، نخرج ونضحك ونسمع موسيقى. وسامية صارت حبيبتي ورائحتها كانت تقتل قلبي من الرغبة وحب الجنس وفعله ليلاً نهاراً، ونهاراً ليلاً . . .

الآن . . . في أيّ مكان أضعها. في أيّ مكان أضع أيّ شيء. ويبدو أنـّي تعبت من قوتها وهي، يا حرام، تحاول أن تساعدني لتشدّني إلى الأمام . . . مثل الحياة . . . التي لا تتوقف.

قانون الحياة ألاّ تتوقـّف. فإن كانت الحياة هي الحياة فكيف تتوقف.

ومن لارنكا انتقلنا إلى ليماسول لنعيش فيها. مدينة جميلة. وفيها الكثير من اللبنانيين الذين، تفكر سامية، سيكونون أصحابي الجدد، وقد يساعدونني على إيجاد عمل، مثلاً، ثم بعدها نفكر. نأخذ وقتنا بالتفكير إن كنت أريد الذهاب إلى أستراليا والاستقرار هناك . . . وتفكر سامية أيضاً أنـّي ما زلت لا أريد أن أبتعد عن بلدي، وأن أهاجر . . .

---

٥٧. ضيق = distress

وأنّـه يلزمني الوقت لأبتعد عن بلدي . . . وهي هنا، بقربي، لتساعدني على ذلك . . . وأيضاً أيضاً أيضاً لأنسى أصحابي القـُدامى، هؤلاء الذين خانوني . . . هؤلاء الذين خانوني فأمرتُ بقتلهم . . .

يا الله أيّ سوء فهم[٥٨]! يا الله أيّ عذاب؟!

25

البرد صار يمنعني من الجلوس في البلكون. ونقلت سامية الطاولة والكراسي البلاستيكية إلى الصالون، قرب باب البلكون الزجاجي.

وكل يوم، تقريباً كل يوم، تكرّر سامية أنّ إيجار الشقق المفروشة في ليماسول رخيص جداً في الشتاء وحتى يبدأ موسم السياحة، لتفهمني بأنّ ما بقي لدينا من مال يكفي لبداية الصيف.

وكل يوم، تقريباً كل يوم، تتحدّث سامية عن محاسن الفطور. حين أستيقظ تبدأ بالسؤال: هل تناولت فطور الصباح؟

انظر هذه الجبنة. شوف كيف هي بيضاء، طعمها لذيذ . . . والعسل، ليس في بلادنا عسل كهذا . . .

. . . وسمنت سامية كثيراً.

صار لها ثديان كبيران يصلان إلى معدتها . . . أشعر بالخجل حين أراها هكذا، وأبعِد نظري عنها قبل أن تعرف أنّ هذا سبباً في ابتعادي عنها وعدم رغبتي في ممارسة الجنس.

٥٨. سوء فهم = misunderstanding

عندما أراها تأكل بهذه الطريقة أخرج من البيت قائلاً لسامية: سأمشي قليلاً ولن أتأخر.

وهي تعرف أنّ أبعد مكان أمشي إليه هي الحديقة الصغيرة على بعد ٢٠٠ متر تقريباً. أي أنّ سامية تستطيع أن تراني من بلكون الشقة وتستطيع أن تناديني.

لكنّها لم تناديني ولا مرة واحدة من بلكون الشقة، وأنا صرت أنسى سامية حين أجلس في شمس الشتاء في حديقة الأطفال الصغيرة المهجورة[٥٩] دائماً.

هذا أفضل شيء لي. فراغ هذه المدينة. شيء غريب.

إنّها مدينة للصيف والسُيّاح. وتفرغ في الشتاء. وترى أهل المدينة القليلين، الذين بنوا مدينتهم للغرباء، لا يخرجون من بيوتهم، لا يتمشّون في الشوارع. لا مقاهٍ لا سينمات. لا حدائق عامة أو مخازن كبرى. كل المدينة مقفلة.

ذهبت مرة واحدة إلى شارع البحر ولم أعد الكرّة.

داخلني خوف شديد. قلت في نفسي: لو حدثت مذبحة[٦٠] هنا لن يعرف بها أحد. قتيل أو عشرة. برصاص مسدس أو رشّاش. وتبقى جثث القتلى حتى الربيع في مكانها أو حتى بدايات الصيف. أخذت أمشي بسرعة. قلبي يضرب بعنف وأنا أجري إلى داخل المدينة. أجري بكل قوتي حتى وصلت إلى حديقة الأطفال الصغيرة قرب البيت. جلست وقلت لنفسي أنّي لن أبتعد متراً واحداً عن الحديقة. أبداً.

ذلك اليوم أخذت أفكر جدّياً بأنّه أصبح عليّ أن أفتح الطريق للشخص الآخر الذي أصبحته. صار عليّ أن أرتّب مكاناً حقيقياً لخوفي. أن أعترف بتلك الهواجس[٦١] التي لا أنجح في إبعادها عن رأسي. يجب أن

---

٥٩. مهجور = abandoned

٦٠. مذبحة = massacre

٦١. هاجِس - هواجِس = obsession

نعترف -يا وديع- أننا صرنا بالفعل ما صرنا إليه. أنّ الأمر ليس حمّى مؤقتة نستيقظ منها في الصباح. أو كابوساً سنصحو منه هكذا . . . صار علينا أن نعترف أنّ ذلك الشخص الذي أشعر به فجأة ورائي، رافعاً يده ليضربني بقوة على رأسي، سوف يكون معي طوال عمري حتى نهاية أيامي.

ذلك اليوم، في حديقة الأطفال المهجورة، وأنا أحاول أن أبعِد عن رأسي تلك الهواجس . . . ذلك اليوم رأيت كرة بلاستكية قديمة . . كرة نسيها ولد . . كرة صغيرة من البلاستيك، من تلك الكرات الرخيصة التي يلعب بها الأولاد الفقراء. وهو بعد أن أضاعها عاد حزيناً باكياً إلى البيت.

. . ولا وصف لحزني. تنزل دموع ودموع من عينيّ. أبكي ربما كما لم أبكِ يوماً في حياتي من قبل. أبكي ولا يهمني إن رآني أحداً أو إن رأتني سامية من بلكون الشقة.

أبكي. أبكي شوقاً لأيّوب. كم أشتاق أيّوب. يا الله. لا أريد شيئاً من هذا العالم سوى أن أرى أيّوب.

أيوووووب، أناديه . . وأسأله: ماذا نفعل هنا يا أيّوب؟ ماذا نفعل بعد الآن في أيّ مكان من العالم؟ أبكي بصوت مسموع وأسأله: أين كرتنا يا أيّوب؟ أين أنت، ومع من تراني ألعب اليوم، ومن يصاحبني؟

26

وسامية باستمرار معي. باستمرار.

وأنا باستمرار، ويوماً بعد يوم، شهراً بعد شهر لا أنام معها. وصار لا يهمني أن أدافع عن نفسي. صار لا يهمني أن أكون فقدت رُجولتي إلى الأبد. رجولتي. يسمّون انتصاب[٦٢] ذلك الشيء رجولة.

لا يهمني انتصاب أيّ شيء فيّ . . . وعلى سامية أن تقرر إن كان ذلك الشيء يُهمها أو تحتاجه. وعلى سامية أن تقرر كذلك إن كانت تريد عضو رجل آخر، في أحلامها أو في الحقيقة.

وأكرهها . . . أقرف من جسمها نائمة وهي معي في السرير. أحاول ألاّ أدفعها بعنف، أن أعود إلى نومي بعد أن أُبعدها عنّي. لكن أقوم وأذهب إلى الصالون. لا أستطيع أن أنام. أجلس على الكنبة مفكّراً ماذا أفعل لنفترق. ليذهب كل واحد في طريقه.

وقبل أن أعود إلى النوم على كنبة الصالون أقول في نفسي إنّ المال الذي معنا سينفذ بسرعة وستذهب سامية حينئذ إلى أهلها في أستراليا . . .

وتخرج سامية من البيت لأنّها تعرّفت إلى ناس من بلادنا صاروا أصحابها. قابلتهم لا بد في السوق، عند الجزار أو بائع الجبن القريب. أو ربما في مركز الشرطة حيث نذهب لتجديد إقامتنا. لكن أنا لا أريد رؤيتهم، لا من بعيد ولا من قريب.

ليس بسبب خوفي من أيّ منهم. لا علاقة للخوف. فالذي يأتي من ورائي ليضربني ليس بالضرورة لبنانياً.

منذ كنت صغيراً وأنا أخاف من المجانين. لا من الظلمة ولا من الأشباح ولا من صور الموتى، ولا من أيّ شيء يخاف منه الأطفال عادة. يضربني خوف لا يوصف حين أرى مجنوناً في الشارع . . . وأشعر أنّه سيهجم عليّ عندما يراني. أنّه يبحث عنّي.

---

٦٢. انتصاب = erection

ولكني أتذكر أنّ كل هذا نتيجة الإدمان[٦٣]. ترك المخدرات. ربما هو السبب. كم مضى من الوقت دون أن أشمّ شمة واحدة؟ أنسى. الكوكايين، الحشيش، والكحول. أنسى لأني لم أكن أعترف أنـّي مدمن مخدرات. لا أعترف ولا أعرف.

27

كانت الساعة تقارب الواحدة.

دخلت سامية بعد أن طرقت الباب. قلت لها لماذا تطرقين الباب، أين مفتاحك؟ قالت: خمـّن من معي. لن تصدق المفاجأة التي أحضَرتها لك. لن تصدّق. خمن من معي في الخارج.

بقيت واقفاً أنظر في وجه سامية ولا أفهم. إذا عرفتَ مـَن وراء الباب أعطيك مئة دولار، تكرّر سامية بحماس غريب، وهي تعرف أنـّي أكره كثيراً أن يدخل أحد هذا البيت. وأكره المفاجآت. انظر. انظر من معي.

فهمَت سامية أنـّي لم أتعرّف على الرجل.

هبـّك! هبـّك هنا في قبرص، قالت سامية. ثم أدخلته.

٦٣. إدمان = addiction

28

صار هبـّك، حين لا يجدني في البيت، يلحق بي إلى حديقة الأطفال.

يريد هبـّك أن أشتغل في شركة قريبه. أكيد وراءه سامية. من أجل صحتي النفسية، في رأي سامية.

حين اكتشفت سامية وجوده في قبرص وحملته إليّ كهدية جميلة، ثم عرفـَت وتأكّدَت أنـّي لا أريد هذه الهدية، أخذت تقول لي: تتسلّى معه من وقت لآخر. حتى لا تبقى وحيداً هكذا. هذا صاحب قديم، من هؤلاء الذين كنت تحبهم.

بقيتُ أسابيع لا أعرف ما أقوله لهبـّك سوى: تغيّرتَ كثيراً. أو: لم تكن هكذا قليل الشعر. أو: لقد سمنت بعض الشيء أليس كذلك؟ أو بضع كلمات عن الطقس. وكان هبـّك يتكلم كثيراً. كان يحب الحديث عن أخبار نجاحي القديم في التجارة.

ويتكلم هبـّك، من وقت لآخر، عن قسوة[٦٤] الحياة مؤكداً أنـّه يعرف أنّ حالي سببه خيانة صاحبي وصديقي الذي خانني وسرقني وهرب . . . تلك هي لا بد رواية سامية عن الروديو.

وأخذ هبـّك يكلمني عن قريبه، صاحب الشركة، الذي يشبهني. مِن لا شيء صار ثرياً كبيراً ويملك العديد من الشركات. من لا شيء بدأ وكان وذكياً. صار هو نفسه لا يعرف كم يملك من المال.

. . . وكنت أذكـّر هبـّك بأنـّي لا أنفع في شركة قريبه، لأني لا أحسِن مهنة ولا أعرف وظيفة.

خبرتك أهم من مئة شهادة، يقول هبـّك. قريبي هو أيضاً لا يحب إلاّ الناس الذين مثله ولا يحترم أصحاب الشهادات. أنا بدأت معه فرّاش، أوفيس بوي، أنا الآن يده اليـُمنى في كل شيء.

—أنت قريبه يا هبـّك.

---

٦٤. قسوة = harshness, cruelty

—يا وديع يبدو الحديث بيننا وكأنـي أريد أن أخدمك. الحقيقة هي عكس ذلك. أنا أريد أن أخدم قريبي. أريده أن يستفيد من ذكائك وخبرتك وقوّتك في البزنس.

وأخذني بالقوة إلى شركة قريبه وأصبحت أعمل في الحسابات.

كنت أشعر بالضيق في تلك الغرفة الرمادية التي أعمل فيها أشياء قليلة. أشياء لا تشغل ساعة واحدة من ساعات اليوم الطويل. لكنني لا أملّ. لم يكن إحساسي بالضيق بسبب الملل. سواء في البيت أو في الحديقة أو في المكتب.

لكن كان لهذه الشركة مدير . . . مدير عنيف جداً يشبه كلب البولدوغ برأسه الكبير. كلمني مرتين. المرة الأولى كلمني بالانجليزية دون أن ينظر إليّ، والثانية بالعربية ليسألني عن شيء في الورق. لم أفهم شيئاً لا في المرة الأولى ولا في الثانية. كنت أشعر بالخوف الشديد أمامه.

جلست بقية النهار في مكتبي أنظر في الفراغ. أفكر في ذلك الخوف. كنت أعتقد أنـي بدأت أخرج شيئاً فشيئاً من حالتي القديمة. أنـي بدأت أنسى المخدرات. أنـي ربما سأعود رجلاً طبيعياً. ولهذا قبلتُ أن أذهب يومياً إلى العمل.

أخذت أتساءل إن كان صرخ بي في المرة الثانية. لا أتذكر كلمة واحدة مِمّا قاله لي. ولا كلمة واحدة بقيت في رأسي. هل شتمني؟

في الأيام التالية كنت أصحو صباحاً وأتوجـّه إلى المكتب وفي رأسي هاجس واحد: هل سأخاف اليوم أيضاً؟ هل سأخاف من هذا الرجل؟ هل سأفهم اليوم لماذا يُخيفني؟ هل سأتذكر ما قاله لي في المرتين السابقتين؟

ثم هربت. لم أنتظر نهاية النهار. رنّ الهاتف في مكتبي فأحسست بالخوف. في ثوان صرت في الشارع. بدقائق في حديقة الأطفال الصغيرة.

أصبحت مثل المريض. خائفاً طول الوقت. يا الله.

أصبحت أشعر بالنُعاس المستمر. أفكر دائماً في النوم. وأريد أن أبكي، ولا أستطيع.

ولا أستطيع أن أرى أيضاً. ولو فتحت عينيّ، لن أرى شيئاً ولن أعرف حتى أين أنا بالضبط.

ولن أسمع شيئاً، ولو نادتني سامية بأعلى صوتها.

إنّه نعاس، نعاس وليس له اسم آخر لكنّه يشبه الموت. لا أدري إن كان يشبه الموت فأنا لا أعرف كيف يكون الموت. لكنّه يشبه، على ما أظن، بداية الموت . . . قبل نهاية الحياة بقليل.

أو يشبه ربما اللحظة حين كانت تنزل ضحيّتي[٦٥] على ركبتيها قبل أن أطلق الرصاصة في رأسها. حين كنت سفّاحاً كبيراً أقتل الناس بالعشرات والمئات.

أتساءل أحياناً بشكل جِدّي عن نفسي. أتساءل عن الإنسان الذي صرت. ولا أعرف تسمية له.

كم أصبحت مختلفاً. تغيّرتُ كثيراً، لكني أتذكر جيداً ذلك الإنسان الذي كنت. لا أكرهه ولا أشتاق إليه.

أتذكر ذلك الإنسان الذي كنت، لكن، حين أفكر فيه أكتشف أنّي لا أعرفه تماماً. أخلط الذكرايات بالخيال. أخلط بين أحلامه وكوابيسه، بين طفولته وشبابه الأول، بين موت أمّه وحياة أبيه . . .

٦٥. ضحِيّة - ضحايا = victim

29

سيّدي ومعلـّمي وحبيبي كان مدير الشركة الجديد. لكني حينئذ لم أكن أعرفه. ولم أكن أريد العودة إلى الشغل. لم أكن أستطيع المرور في شارع الشركة أو النظر إلى مبناها.

لكن هبـّك قال لي إنّ الرجل المدير الذي كنت أخاف منه مات بعد أسبوع كامل قضاه في المستشفى.

وأخذ هبـّك يكرّر أنـّه يجب عليّ العودة الآن. فهناك مدير جديد، شاب أصغر منّي ومنك ومن عقليّة أخرى. تعرفتُ عليه وسيبدأ بعد يومين. مودرن ومُتواضع وشغـّيل. ومكانك في الشركة ما زال محفوظاً طبعاً. عليك أن تجرّب، يقول هبـّك، فالرجل قريبي سيأتي إلى قبرص بعد أيام قليلة، ولا أريده أن يعتقد أنـّك تركت الشركة. سوف يسألني عنك.

لم أعُد إلى الشغل بسبب كلام هبـّك ولكن لأعرف إن كنت ما زلت خائفاً بعد موت الرجل. لأنظر إلى باب مكتبه وأرى ما يحصل لي. عدت وفي رأسي أن أبقى بعد أن يذهب الموظفون. وفي رأسي أن أدخل المكتب الكبير الفارغ. وأن أبقى وقتاً هناك محاولاً أن أتذكر ماذا حدث لي فيه.

لهذا ذهبت إلى الشركة. لم أخرج من مكتبي. وعند المساء انتظرت خروج آخر الموظفين، توجـّهت إلى ذلك المكتب. وفتحت الباب.

النوافذ واسعة مفتوحة. الغرفة واسعة. جديدة، مختلفة.

30

أقول لزوجتي حين نتأخر في الشغل أنـّه يبقى معنا في الشركة. وأحياناً يقول للموظفين أن يذهبوا إلى بيتهم، لكننا جميعاً نرفض ذلك. ليس بسبب الحرج من أنـّه هو، مدير الشركة، سيبقى، بل بسبب مَحبتنا الحقيقية له.

هذا هو رأيي، أقول لسامية. إنـّه رجل لطيف ومتواضع يشيع المتعة بين الموظفين. يعملون فرحين، مستمتعين. فهو لا يعطي الأوامر بل غالباً يطلب النصيحة. يقول إنـّه من دوننا لا يستطيع أن ينجح في شيء، ولأننا أكبر منه سناً فهو يتعلم منّا أشياء كثيرة، بل الأشياء المهمة. ويقول إننا مثل عائلة واحدة لأننا نقضي معظم الأوقات معاً. نبقى معاً أكثر من بقائنا مع عائلاتنا وأهلنا. ويقول إننا هنا، في بلاد الغربة، نحتاج أن نكون هكذا متقاربين . . . كالأهل. خاصة وأنّ بلادنا تحترق[٦٦]. تحترق بلادنا بسبب الفرقة بين الأهل، والتحارب بين الطوائف والميلشيات المُجرمة.

أكاد أبكي وأنا أحكي لسامية ما يقوله لنا معلـّمي الشاب الصغير. بلادنا تحترق بالفعل يا سامية، أقول. وهي تعرف أنـّي أكره الطوائف والميلشيات المُتقاتِلة. طول عمري أكرهها.

. . وحين نتأخر في المكتب ويطلب لنا عشاءً جاهزاً، يجلس إلى جانبنا ليأكل معنا. يقول إنّ علينا ألاّ نتركه يأكل كثيراً، لأنـّه يحب الأكل ويسمن بسرعة.

هل يعرف يا سامية كم أنـّي أحبه؟! من غير السهل أن أقول له هذا. الرجال ليسوا كالنساء. إنـّهم لا يتكلمون ولا يقولون ما بداخلهم.

لا بد أنـّه يعرف، تقول سامية وهي تقبـّلني. قلب الإنسان يعرف . . . لكني صرت أغار منه يا وديع . . . مع أنـّه أعاد إلينا حياتنا الجنسية، تقول سامية ضاحكة وهي تلعب بعضوي.

---

٦٦. احترَق - يحترِق = to burn

لكنّـها لن تثيرني[٦٧] الآن، وهي تعرف ذلك، لأني ما زلت أريد أن أتكلم عنه . . .

وحين أعود إلى البيت ولا أتكلم عنه تسألني هي عن أخباره.

وكانت فرحة سامية كبيرة حين قلت لها ذات مساء أن تحضّر العشاء لأنّ المعلّـم سيأتي معي ليتعشّى عندنا.

كانت ليلة من العمر . . . يا إلهي. لم أصدّق أنّـه في بيتي.

وضعت سامية الصحون والأطباق الكبيرة على المائدة، لكنّـه لم يمدّ يده إلى الطعام. قال لا، لا يجوز قبل أن تحضُر ستّ البيت وتجلس معنا. بقيت أشياء قليلة على النار، كانت سامية تقول من المطبخ . . . اِبدأ الأكل. لكنّـه ظل يرفض.

قال لي إنّـه هكذا بالفعل، لا يصطنع التواضع. لستُ من الأغنياء، قال. عمل أبي كثيراً وسهر ليدفع مدرستي ثم الجامعة. كان معلّـماً في مدرسة ثانوية خاصة لكن معاشه لم يكن يكفي. كان يعطي دروساً خصوصية باستمرار لأولاد الأغنياء ويعود إلى البيت في ساعة متأخرة من الليل. لم نكن نراه. صحيح أنّـه كان قاسياً جداً، من الجيل القديم، لكن كان رجل أخلاق. وحين مرض بالسرطان في آخر حياته، رفض عرض أحد أقربائنا البعيدين الذي كان غنياً جداً، بتسفيره للعلاج في الخارج. قال للرجل: هناك من يحتاج العلاج والسفر أكثر مني أنا رجل كبير الآن وعشت حياتي. هناك شباب مرضى لا يملكون ثمن الدواء. ثم مات أبي في بيته وأنا حزنت عليه كثيراً.

لم أعرف ماذا أقول على كلامه. هذا الكلام الذي يقوله ربما للمرة الأولى في حياته. ويقوله لي. أنا. الله يرحمه.

يضع المزيد من الرز ويعجبه طبخ سامية: هكذا سآتي مع وديع كل مساء. الأبلما صعب طبخها. بعضهم يشوي الكوسى في الفرن. وبعضهم

---

٦٧. أثار - يـُثير = to excite

يضيف صلصة البيشاميل إلى صلصة البندورة. لكن تلك ليست أبلما. هذه أكلة صعبة جداً. لست طبّاخاً عارفاً لكني، حين كنت أدرس في أمريكا، كنت أحضّر وجباتي بنفسي . . ثم . .

31

لماذا أنا، أسأل سامية، لماذا اختارني أنا؟ إنّه يضع فيّ ثقة[٦٨] عمياء. يقول لي أسرار في الحسابات وهو يعرف تماماً أنّي لست متخصصاً أو خبيراً. تضحك سامية ساخرة منّي: لأنّه يحبك، إنّه شاذ جنسياً، ويريدك. وذات مساء سيحدث، سيغتصبك.

أغضب وأقول لسامية طيّب، طيّب، اذهبي، انتهى الموضوع.

في مكانتك المهم هو الأخلاق وليست الشهادات العالية أو الخبرة، تقول سامية. الحسابات يقوم بها المحاسب. ما يريده هو شخص لا يتلاعب ولا يسرق. وهو يعرف كم أنت تحبه وإذن لا يمكن أن تخونه . . . إنّه لا يثق بالآخرين كما يثق بك. لهذا يغارون منك. ولهذا السبب هبّك لم يعُد صاحبك، مع أنّه هو الذي أدخلك الشركة.

هبّك خادم، قلت لسامية، أنا لست خادماً لأحد. هبّك والآخرون لا يعرفون معنى الصداقة. حين يقولون إنّه يدفع لي مالاً أكثر فهذا يعني أنّي فاسد . . . وهذا يعني أنّه هو، المعلّم، رجل بلا أخلاق. أنّه حرامي.

---

٦٨. ثِقة = trust - confidence

لا يهمّك كل هذا، قالت سامية . . .

كيف لا يهمني . . . إنّهم يكرهونه يا سامية!

نزلت أتمشّى. مررت بحديقة الأطفال الصغيرة لكنّها لم تكن فارغة، فقد تحسّن الطقس وصارت تحمل الأمهات أولادهن إليها. كنت غاضباً وأتساءل لماذا. أخذت أفكر بأنّي لم أكن في حياتي موظفاً، ربما لهذا لا أفهم عقلية الموظفين. صحيح أنّه زاد راتبي لكن ما أفعله لهذه الشركة أكثر من ذلك. فبعد أشهر قليلة صاروا يخرجون عند انتهاء العمل ولا يبقون مثلي معه أحياناً حتى منتصف الليل. لو فكّرتُ بالساعات الإضافية لأخذت أكثر من هذه الزيادة. ما المشكلة؟

لأول مرة منذ تركت البلاد أتذكر أبي. كيف كنت أغضب من بقائه في بيت معلّمه أحياناً كثيرة حتى ساعات الفجر الأولى وأتذكر كم كنت أكرهه حين كان يدافع عن معلّمه باستمرار. كيف كان يحب معلّمه. كم كان يحب معلّمه.

يدخل أبي غرفتي ويوقظني من النوم، قُم، قُم يا وديع. معلش لو خسرت ساعة نوم فهذه الحلوى الطيّبة تُؤكل ساخنة. قُم انظر ما أرسل المعلّم لك معي. قُم. قال المعلّم هذه تأخذها خصيصاً لوديع.

يُجلسني على الكرسي في غرفة السفرة وأنا نصف نائم ثم يفتح أمامي الورق الأبيض. ما زالت ساخنة. وأنا أشم رائحة زهر الليمون.

لماذا أفكر الآن بأبي؟ لست خادماً مثله. ولا معلّمي كمعلّمه. فقط هو هذا الليل الذي اقتربت ساعاته من بدايات الفجر. فقط هو هذا الأسود الأخير. وفي أنفي عطر زهر الليمون ليشدّني من النُعاس.

تقول الفتاة الآسوية الواقفة أمام باب البار بيدها: تفضل. تبتسم: "يو أوفر مي درينك؟" فأدخل خلفها إلى داخل الضوء الأحمر.

32

كالكلب. كالكلب أحببته.

كما يحب الكلب الأصيل الجميل صاحبه بدون مُقابل. سأفعل كل ما يريده وأنا سعيد.

اِجعلني أمام بابك، وسوف ترى. سوف تدهشك القوة التي لي. تلك القوة التي راحت منّي والتي أصبحتُ أسترجعها.

أتمشّى بين المكاتب. أجعلهم يرون بوضوح أنّـي لست في مكتبي وأنّـه ليس مطلوباً منّي أن أعمل مثلهم وراء الأوراق وشاشات الكمبيوتر. هذا راح وانتهى. أتمشّى بين المكاتب وأضحك، أضحك عالياً وبلا سبب.

هكذا هي الآن قوّتي الواضحة. وكلهم خائفون منّي.

أنا كلب المعلـّم.نعم، تماماً. لكني ذئبكم[٦٩].

في أحلامي السابقة كنت سفـّاحاً. أقتل بالعشرات. بالمئات.

الآن لست بحاجة للمسدسات، ولا لشمّ المخدّرات لأشعر بقوتي.

الآن ليس سوى قلبي. فقط. الآن تركت بيتي أهلي ذكرياتي وأصحابي. الآن لا أحب إلاّ معلـّمي. أنزلت عن قلبي امرأتي وديني.

أتمّشى بين المكاتب. يسألني هبـّك إن كنت أريد قهوة. أقول له يمكن، هات فنجان بدون سكر وسوف نرى. يعود هبـّك بفنجان القهوة فلا أمدّ يدي. أقول له ضعه هناك، لا أرغب بشرب القهوة. يعرف هبـّك أنـّي قوي لأني كلب المعلـّم كما أنـّه هو، من جهته، كلب المعلـّم الكبير قريبه صاحب الشركة. لكن أنا ما علاقتي بصاحب الشركة؟

٦٩. ذِئب = wolf

لم نعد هؤلاء الأولاد الذين يكسّرون مرايا السيارات في الليل يا هبّك للتقرّب من زعيمنا الروديو. ذلك الروديو القديم الذي اختفى في أرض الربّ الواسعة دون أن أراه مرة أخيرة. باي باي.

—نتغدّى معاً يوم الأحد، سمك طازج، أنت وسامية فقط، لن أدعو أحداً.

—لا أعتقد يا هبّك. الأحد أنا مشغول مع المعلّم خارج المدينة. على كل حال . . . جهّز السمك، ربما انتهينا وعُدنا قبل الليل. في هذه الحالة أتعشّى عندك . . . انتظرنا حتى منتصف الليل . . . ماكسيموم. منتصف الليل. ماكسيموم.

—سأنتظر، لا يهمّ، خذا كل الوقت. نحن لا ننام باكراً.

33

سامية

اختفى وديع.

اختفى.

شهور كاملة بأيامها ولياليها وأنا أبحث عنه.

لا يستطيع الواحد أن ينسى إن لم يفهم. أقلّب الأمور في رأسي، أجد أحياناً بعض الأسباب، بعض الأجوبة على أسئلتي لكنّها، كلها، غير مُقنِعة.

كيف تركني هذا الرجل هكذا واختفى؟ كل الحب الذي أحببته. كل ما فعلت من أجله.

ما الذي لم أفعله من أجل وديع؟ تركت أهلي وبلدي وتبعت الرجل الذي تركني في الغـُربة دون كلمة.

لا أصدّق أيـّاً من الأخبار التي تصلني حول اختفائه أو حول مكان وجوده. أنا أعرفه منذ كنا أولاداً جيران في البناية مثل الأخوين، وقبل أن نصبح عاشقين ونبني سنوات شبابنا معاً، بأسرارها، بالأحلام التي حقـّقناها معاً.

أنا أعرفه لسنين طويلة وأعرف كل أسراره.

ومع ذلك لا أعرف ماذا حدث حتى يختفي هكذا. يتركني هكذا.

صحيح أنـّه كان مكتئباً قبل اختفائه لكن ليس إلى درجة الانتحار.

ثم أين اختفت الجثة؟ كل رجال أمن قبرص بحثوا عنه. لم يجدوا شيئاً. قالوا البحر، إذا كان رمى بنفسه في البحر فلن يجد أحد جثته.

صحيح أنـّه عاد إلى الصمت وإلى السهر الطويل أمام التلفزيون القبرصي وهو لا يفهم كلمة يونانية واحدة. وصحيح أنـّه لم يعُد يقربني في السرير لكننا مررنا بكل هذا ولفترة أطول بكثير في الماضي.

يجلس بالساعات أمام التلفزيون القبرصي حتى في النهار. لا يرى أحداً. لا يفتح الباب لهبـّك. لا يذهب إلى الشغل ولا يتكلم عن معلـّمه. معلـّمه قال لي: اتركيه، أعطيتـُه عطلة ليرتاح، سيعود بعدها إلى الشركة. صدّقتُ. لماذا لا أصدّق؟ لم يتغيـّب عن الشغل أكثر من أسبوع، أو ربما عشرة أيام. ثم اختفى.

أعرف أنـّه كان زعلان من معلـّمه، لكنـّه لم يقل لي لماذا. لم يحدّثني بشيء. عرفت بعد ذلك من زوجة هبـّك أنّ يومه الأخير في الشركة كان عاصفاً.

مرّ الرجل الكبير وتحدّث إليهما، وديع ومعلـّمه إلى مكتبه الكبير في طابق آخر. لم يسمع أحد شيئاً. لا يعرف أحد ما حدث. لكن رجال

الشرطة القبرصية دخلوا كل مكاتب الشركة. وعمليات تفتيش[٧٠] طالت أياماً. كانت سرّية كاملة. السرية وخوف الناس من بعضهم البعض.

هبّك—الذي لا أصدّقه في أية رواية—يقول إنّ نصف بواخر استيراد وتصدير[٧١] الشركة كانت مُحمّلة سلاحاً للميليشيات من غير أن يعرف قريبه المعلّم الكبير. كذّاب هبّك. يكذب هذا الرجل. وامرأته كذلك. ويكذب ليس لحماية قريبه، بل لحماية نفسه ولاسترجاع قوته في الشركة.

وديع والمعلّم الصغير كانا يكرهان الميليشيات. صحيح أنّ هذا ليس سبباً مُقنِعاً. وربما الرجل الكبير كان يعلم بكل شيء، ومنذ البداية. على من يكذبون؟

وديع كان أخبرني أنّ من يكرهون المعلّم الصغير يكتبون تقارير عنه للحكومة القبرصية. وديع كان مُقتنعاً بذلك. قال يكتبون تقارير كاذبة. من غيرتهم وضعفهم وكراهيتهم.

ثم قرّرتُ بعد أن طال غياب وديع أن أذهب إلى مكتب طارق، المعلّم، رغم أنّه قال لي ألاّ آتي أبداً إلى الشركة.

قال خائفاً ومنزعجاً: لماذا لم تتصلي؟ لماذا لم تنتظري حتى أمُرّ عليك في المساء؟ هكذا، قلت. مرّت أسابيع لا تأتي لرؤيتي ولا تردّ على التلفون. أريد أن أعرف ما جرى.

رفع سماعة التلفون وقال لسكرتيرته: مادلين، أنا مشغول مع امرأة وديع. لا يدخل عليّ أحد.

—لا أعرف يا سامية أين هو. والله.

—أعرف أنّك لا تعرف، قلت له. لكن ما الذي حصل حين ذهب وديع معك إلى مكتب المعلّم الكبير؟ أريد أن أفهم. ربما هناك علاقة باختفائه. ربما.

---

٧٠. تفتيش = inspection

٧١. استيراد وتصدير = importation & exportation

—لم يحدث شيء ضده شخصياً. أبداً. كان الرجل يصرخ فيّ أنا بسبب مشاكل في الحسابات. قلت له إنـّي أنا المسؤول، لا وديع، الذي يعمل تحت أوامري. لم يقل الرجل لوديع ولا كلمة واحدة. لم ينظر حتىّ إليه. ولا أدري في الحقيقة لماذا طلبه. لكن حين خرجنا كان غريباً جداً وديع. كان وجهه أصفر وجسمه يرتجف. أخذته خارج الشركة وجلسنا في مقهى قريب. أخذت أشرح له المسألة لكن خوفه العجيب لم يذهب عنه ولا أعتقد حتى أنـّه سمع ما كنتُ أقول. كان ينظر إلى البعيد في اتجاه آخر. لم يقل كلمة واحدة. تركته وعدتُ إلى الشركة. بقي هو لوحده ولم ينظر باتجاهي وأنا أترك المقهي. وهي كانت آخر مرة رأيته فيها.

—ماذا قلت له في المقهى يا طارق؟

—قلت له إنّ ما سمعه ليس مهماً. فالرجل مثل والدي يعنـّفني كما يريد. إنـّه مثل والدي منذ رفض والدي العرض[٧٢] بالعلاج من السرطان في الخارج. تركتُ أبي وزمنه وأخلاقه في القبر[٧٣] واخترت أن يكون المعلـّم الكبير هو والدي بكل معنى الكلمة.

وقلت لوديع إنّ ما سمعه ليس حتى تعنيفاً. إنـّها مسرحية نحن الاثنان متفقان على لعبها. صحيح أنّ ذلك الخطأ في الحسابات يعني أنـّي أسرقه وأنـّه يعلم بذلك، والتعنيف هو لإفهامي بأنّ عليّ أن أحترمه أكثر. أنا الذي اختارني أن أكون كولد له. أنا المسموح لي بالسرقة ولكن بقوانين . . . هذا ما قلتُه له. والله يا سامية.

في البيت أخذتُ أفكر في ما قاله لي طارق. أكرّر في رأسي أنّ طارق كان صادقاً معه. أكّد له على الصداقة بينهما وهو يشاركه أسراراً كبيرة. أكّد له على حبه.

٧٢. عرض = offer

٧٣. قبر = tomb

ولا أعتقد أنّ وديع شكّ مثلاً في أن يكون طارق فعل ذلك من أجلي. مُستحيل. فهو كان يحب معلّمه لدرجة تجعلني أفكر أنّه، حتى لو عرف بالعلاقة التي كانت بيني وبين طارق لما أحزنه ذلك إلى درجة الاكتئاب أو مثلاً إلى درجة الانتحار . . . أو إلى درجة تركي هكذا. وهو كان يقبّل أصابع قدميّ أياماً قليلة قبل اختفائه.

مستحيل. مستحيل.

لكن مع الوقت صارت تتكوّن في رأسي شكوك غريبة.

حين أعود إلى الفترة التي كنت أخرج فيها كل ليلة للشغل في بار فندق الكارلتون. أكان وديع يعرف، أم يجهل تماماً؟ لكن كيف كان وديع يفسّر وجود المال معنا باستمرار؟ ماذا كان يقول لنفسه وأنا أدفع الإيجار آخر كل شهر وأشتري كل حاجيات البيت وأقدّم له الهدايا؟ كيف كان يمكن أن أغطّي كل هذه المصاريف[٧٤] من المال القليل الذي حملناه معنا من بيروت والذي نفذ بعد أقلّ من شهرين؟

وهل بالفعل لم يرَني حين دخل البار مع الفتاة الآسوية "كاتي" في آخر الليل؟ هل فعلاً لم يرني وأنا مع الضابط الليبي، طاولتنا على بُعد أمتار قليلة من البار حيث جلس مع كاتي في كرة الضوء الحمراء بين الباب والصالة؟

لم يكن وديع غبيّاً. هل كان غبيّاً إلى هذه الدرجة؟

كم تغيّر منذ تركنا البلاد.

أم أنا التي تغيّرت؟ كبرتُ بسرعة وفي زمن قصير. رأيتُ العالم واختلطت بالناس. فتحتُ عيني على أمور كثيرة . . . وبقيتُ أحبه . . . أظن أننى أحببته أكثر بعد أن تركنا البلاد ولو بشكل مختلف.

ألم يكن وديع يراني أخرج كل ليلة بثياب بنات البارات؟ أم أنّه كان يعرف كل شيء ولا يريد أن يسأل؟

٧٤. مصاريف = expenses

أم كان يستخدمني كأنّـه جاهل للحقيقة؟

ألم يرَ كيف تغيّر ثدياي اللذان كانا يصلان حتى معدتي، وكيف أصبحا صغيرين مكوّرين بعد عملية التجميل؟ ألم يرَ شيئاً؟ أم أنّـه فسّر ذلك كضرورة للشغل، حتى أكون أجمل وأكثر ثمناً بين بنات البارات وهو يعرف بعضهن؟

ولماذا لا يكون كل ذلك حبّاً؟ من أجله وحتى لا ينقصه شيء . . .

مستحيل. مستحيل. هل عشتُ كل حياتي مع رجل لا يراني، مع رجل لا أعرفه ولا يعرفني؟

كان يعرف قبل ساعات لحظة تأتيني العادة الشهرية. يعرف قبل أيام أنّـي سأمرض . . . يعرف قبل الموسم أنّ الفراولة هي الفاكهة التي أشتهيها.

كنت أعرف قبل اقترابه من البناية أنّـه عاد. أعرف إذا كان يجب عليّ هذه الليلة أن أقبّـله أو أن أفتح فخذي وآخذه فوراً في داخلي.

أية حيرة[٧٥]. أية حيرة أنا فيها الآن.

صرت أسمع كل ما يُقال. كل ما يُروى حول اختفائه. أسمعه باهتمام كبير لكني لا أصدّق شيئاً. أريد من كل قلبي أن أصدّق. لكني لا أصدق شيئاً.

هناك من قال إنّـه هرب من تحقيقات الحكومة القبرصية لأنّـه كان مسؤولاً في عمليات تهريب[٧٦] السلاح والمتاجرة به. ومنهم من قال إنّـه اكتشف كل ذلك فجأة وأنّـه لم يكن يعرف شيئاً قبل التحقيقات. وحين فهم اللعبة هرب دون أن يترك خبراً عند أحد.

ومنهم من قال إنّ طارق نفسه هو من هرّبه. هرّبا مبلغاً كبيراً من المال لا أحد يعرف إلى أين. وأنّ المعلّـم الصغير سيختفي مثل وديع

---

٧٥. حيرة = confusion, perplexity

٧٦. تهريب = smuggling

ليتقاسما المال. لكن المعلّم الكبير، يُقال، عرف بكل شيء وسيقبض الإنتربول على وديع وعلى المعلّم الصغير.

حتى الضابط الليبي، حين عاد إلى ليماسول، كانت له روايته عن اختفاء وديع. قال لي بصوت منخفض وبثقة كبيرة إنّ استخبارات بلاده كشفت الحكاية كاملة لكنّه لا يستطيع أن يخدمني في شيء. قال إنّ صديقاً قديماً لوديع، كان يُعتقد أنّه قُتل في بيروت لكنّه كان عميلاً لإسرائيل، صديق قديم، اكتشفوا أنّ أمّه يهودية . . .

قلت للضابط الليبي إنّي لا أصدق روايته الغبية.

تبقى رواية واحدة أفضّلها ولو أنّها هي الأخرى مستحيلة.

أفضّل الرواية التي تقول إنّه ذهب مع أيّوب إلى أمريكا الجنوبية، إلى البرازيل أو ربما الأرجنتين. التي تقول إنّ أيّوب لم يُقتل. وتقول الرواية إنّ أيّوب، بعد أن عاد إلى الحياة، اتجه إلى بيت وديع، أعني إلى بيت أبيه ووجد كل المال الذي كان وديع يخبّئه في بيت أبيه. آلاف الدولارات في علبة في غرفته لا يشكّ بها أحد . . .

وأتوقّف قليلاً عند هذه الرواية إذ كان وديع، قبل اختفائه بأسبوعين ناداني إلى جانبه بجدّية غريبة وقال لي: يا سامية مَهما[٧٧] بحثوا في البيت، أعني في بيت أبي، لن يجدوا شيئاً. لكن أريد أن أقول لك أين خبّأت المال فلا أحد يعرف. ربما عدتِ يوماً إلى البلد من غيري. الدولارات كلها، موجودة في غرفتي. في علبة ووكمن كرتونية زرقاء قديمة. أقول لك هذا لتضمني حياتك في المستقبل. ربما حصل لي شيء.

قالها كأنّه يودّعني[٧٨] لكني لم أعطِ لكلماته أهمية في ذلك الوقت. قلت له: طيّب يا وديع. اذهب تمشّى وأنا سأحضّر العشاء . . .

حيت تذكرت كلماته تلك شعرت بالغضب. قلت في نفسي إنّها كلمات كاذبة. يعِدُني بمال لن أحصل عليه أبداً. هو يعرف تماماً أنّ الشقة

---

٧٧. مَـهما = . . . no matter what

٧٨. ودّع - يُودِّع = to say goodby

سُرقت وأنّ المال اختفى. حتى وإن كان المال موجوداً، فأي مال سيضمن لي حياتي؟! وكم من عشرات الآلاف من الدولارات تستطيع إدخالها في علبة ووكمن وإن كانت كبيرة من الموديل القديم؟

كنت أحب وديع بالرغم من كل شيء. وأنا أيضاً ليس لي غيره.

من أجله هو، رفيقي، زوجي، سيّدي وحبيبي.

لذلك أفضّل الرواية الأخيرة.

تلك الرواية التي أتخيّل فيها أيّوب يفتح علبة الووكمن الكرتونية القديمة.

يأخذ الدولارات ويضعها في كيس ورقي . . . أو بلاستيكي. يخرج بهدوء كعادته. ثم يتوجّه إلى البرازيل. أو الأرجنتين. بعيداً، حيث يقضي الشهور الطويلة في البحث عن وديع. ثم يجد صديقه في قبرص.

ثم يركب وديع الباخرة. أو الطائرة. لا ينظر إلى الوراء ولا يتذكّر أحداً منا. لا يفكر سوى بأيّوب. يذهب إليه كما يذهب الإنسان إلى لقاء ربّه. لا يحمل شيئاً. ليس معه شيء. لا حقيبة ولا كيس ثياب صغير. فقط تذكرة السفر والجواز. ووجه رفيقه الأسمر اللطيف.

أحب هكذا أن أتخيّل الأشياء. أن أرى وديع جالساً بهدوء في صالة الانتظار ينظر إلى المسافرين منتظراً أن يرى رقم الرحلة، رحلته.

مع السلامة، أقول له في قلبي، مع السلامة يا وديع.

وأنا أعرف تماماً أنّـها رواية مستحيلة.

النهاية

تمرينات

INTRODUCTION

The following guidelines will help you navigate the different exercises and make the best use of them:

- The exercises labeled قبل قراءة الرواية provide background information for and set expectations around the events of the novel. Ideally, the text and the questions will be reflected upon or discussed in the classroom before you start to read the novel.
- A table labeled أثناء قراءة الرواية will help you keep track of the novel's characters and follow their development. Your instructor may ask you to revise or discuss the table every time you read a new unit.
- Each unit is composed of different exercises and tasks that vary depending on the nature of the passage and events:
  - *Comprehension questions.* These are simple questions that revolve around the events that take place in each unit.
  - *Detailed reading and discussion prompts.* These prompts are complex questions in addition to quotations from the novel that have been selected to help the reader understand the nuances and details of the story. Ideally, you should discuss them with a partner in class.
  - *Postreading activities.* These activities have been designed to stimulate your creativity and motivate you to exercise your language skills. They include both in-class activities and follow-up activities; these are varied and include role playing, creative writing, listening to Hoda Barakat's reading of the novel, and cultural activities that involve reading or independent research on Arabic culture.
  - *Listening.* The passages from the novel narrated by novelist Hoda Barakat will contribute to developing your listening abilities and they will help you refine your

sensitivity toward Arabic prose. Listen to these passages when indicated in the exercises. You should postpone listening to the interview until you have finished the novel.

KEY TO ICONS

Activity that involves searching on the Web

Listening to audio files on the Georgetown University Press website press.georgetown.edu/Georgetown/instructors_manuals.

قبل قراءة الرواية

١. ماذا تعرفون عن تجارة الحشيش في العالم العربي؟

اقرأوا النص التالي ثم ناقشوه.

الحشيش في لبنان

بدأت الحرب الأهلية اللبنانية في ١٩٧٥ وانتهت عام ١٩٩١. وبحلول منتصف الثمانينات كان لبنان قد أصبح أحد أبرز مراكز التجارة بالمخدرات، بعد أن لجأ بعض المزارعين إلى زراعتها في ظل غياب الأمن وسلطة الدولة وانتشار الفوضى، وتاجروا بها لتأمين معيشتهم. كان الكثير من تلك المنتجات يخرج من البلاد، قبل عام ١٩٧٥، عن طريق المطارات الصغيرة في البقاع، وخلال الحرب الأهلية، سيطر الجيش السوري على البقاع، فأصبح الحشيش يخرج من لبنان عن طريق المرافئ، التي كانت تسيطر عليها مليشيات مسيحية، إلى قبرص، وعن طريق البر إلى سوريا، وأحيانا عبر إسرائيل وصولا إلى مصر. ("الزراعة في لبنان"، ويكيبيديا)

٢. من خلال العنوان - "سيدي وحبيبي" - خمّـنوا بعض الموضوعات التي ربـّما يتم تناولها في الرواية؟ ما رأيكم في هذا العنوان؟

٣. ماذا تعرفون عن الحرب الأهلية اللبنانية؟ (ابحثوا على الانترنت وقدّموا بعض المعلومات في الصف)

أثناء قراءة الرواية

شخصيات الرواية: أكملوا الجدول التالي بمعلومات عن مختلف الشخصيات وأضيفوا إليها كلـّما عرفتم شيئاً جديداً. الصورة ستكون مكتملة عندما تنتهي الرواية.

	وديع	سامية	أيوب	والد وديع	الروديو	خال سامية	هبّك	المدير	طارق
المظهر									
الحالة النفسية \ الشخصية									
العلاقة بباقي الشخصيات									
انطباعات وتوقعات									

الوحدة الأولى (الأجزاء ١–٥)

أسئلة الفهم

١. مـَن في أسرة وديع؟ وماذا نعرف عنهم؟
٢. كيف كانت طفولة وديع؟
٣. كيف تعرّف وديع على أيوب؟ ما أسباب علاقتهما القوية؟
٤. صفوا شخصية أيوب.
٥. ما علاقة وديع بالأكل؟ هل نستطيع أن نفسـّرها؟
٦. ماذا كان حلم وديع وهو في المدرسة؟
٧. كيف كانت العلاقة بين وديع ومعلـّمته في المدرسة؟
٨. ما طبيعة العلاقة بين وديع و"الشاب"؟
٩. ماذا نعرف عن سامية؟ وما رأيكم فيها؟
١٠. اكتبوا فقرة عن مختلف الطبقات الاجتماعية التي تظهر في هذا الجزء من الرواية وتأثيرها على الشخصيات حالياً أو مستقبلاً.

قراءة دقيقة + مناقشة

أ كلمة "معلـّم" مـُستخدمة في الرواية في سياقات مختلفة. من هو "المعلـّم"؟ إلى ماذا يرمز هذا اللقب في رأيكم؟ ومن هي"المعلـّمة"؟

ب ما أهمية الجسم والمظهر الخارجي عند مختلف الشخصيات؟ أين الجمل التي تدلّ على ذلك؟

ت ناقشوا مع زملائكم معنى هذه الجمل في سياق النص وأهمـّيتها:

١. "ماذا تكون السعادة غير أن تحب زوجتك وأن يكون لك أخ وصديق يـُخلص لك وتخلص له" (الجزء الأول)
٢. "تكرّر ساخرة إنها بداية رحيلي إلى الضفة الأخرى من الرغبات" (الجزء الأول)
٣. "كنت متوتراً حين قابلته في مكتبه أول مرة. يداي متعرقتان وقلبي يضرب بقوة" (الجزء الثاني)

٤. "فأنا في داخلي ككلب الصيد الأصيل السريع الحركة" (الجزء الثالث)

٥. وهكذا، شيئاً فشيئاً، أخذ معلـّمي الجديد يـُرجعني إلى نفسي القديمة التي كنت نسيتها" (الجزء الثالث)

٦. "لكني كنتُ أحسّ أنها مثلي تخاف منهم" (الجزء الرابع)

٧. "أيوب الخجول لا يخجل من الأكل ومن الاستزادة منه" (الجزء الخامس)

٨. "كان ثراء "المعلـّم"، كما يسمـّيه والدي، بعيداً عنا لا نعرف عنه شيئاً ملموساً سوى فضلات الأكل التي يعود بها أبي" (الجزء الخامس)

بعد القراءة

١. في الجزء الخامس وديع وأيوب يتحدثان عن الأكل وبخاصة الأبلما، طبق لبناني شهير. هذه هي طريقة تحضير الأبلما:

المكونات (الكمية تكفي لـ ٥-٦ أشخاص)

- كيلوغرام ونصف كوسا صغيرة
- ٣ ملاعق طعام زيت نباتي
- ملح
- ربع ملعقة طعام بهار حلو
- بصلة متوسطة الحجم مفرومة
- ١\٢ ك لحم بقري مفروم
- ٣ إلى ٤ ملاعق طعام صنوبر
- ملعقة طعام من معجون البندورة
- كوبان من صلصة البندورة
- زيت للقلي

صلصة البندورة

- ٣ حبات بندورة
- ١\٢ ملعقة صغيرة ملح
- ١\٢ ملعقة صغيرة سكر

طريقة تحضير الصلصة

تقشر البندورة وتقطع إلى مكعبات صغيرة، ثم تطهى مع الملح والسكر للحصول على صلصة كثيفة

طريقة تحضير الكوسا

- تغمس رؤوس الكوسا في الملح، ثم تترك في مصفاة ورؤوسها إلى الأسفل
- تنقر الكوسى بعناية بواسطة منقرة، مع الحرص على عدم ثقبها
- يسخـّن الزيت في مقلاة ويقلى فيه البصل المفروم حتى يذبل. تضاف اللحمة المفرومة ويتابع القلي. بعد ذلك تضاف التوابل والملح والصنوبر ومعجون البندورة
- تحشى حبات الكوسى بهذه الحشوة
- يسخـّن الزيت في مقلاة عميقة وتقلى فيه حبات الكوسى المحشوة
- توضع حبات الكوسى المقلية في صينية. تصب فوقها صلصة البندورة وتخبز في الفرن لمدة ١٠ دقائق وهي مغطاة بورق الألمنيوم. بعد ذلك تنزع ورقة الألمنيوم ويتابع الخبز لمدة ١٥ دقيقة إضافية
- تقدم الأبلما مع الأرز

٢. والآن ابحثوا عن المحاشي في المطبخ العربي بشكل عام: ما هو الأكل الذي يحشيه العرب؟ وبماذا يُحشى عادةً؟
ابحثوا عن وصفة أكل عربية تتضمن أي نوع من المحاشي (بالعربي أو بلغتكم) وأخبروا زملاءكم عنها.

٣. في افتتاحية الرواية يصف الراوي حبا لم يشعر بمثله من قبل. وبالرغم من أننا لا نعرف بعد عمّن يتحدث، ولكننا نستطيع كقرّاء أن نشعر بهذا الإحساس، فجميعنا نعشق أشخاصا وأعمالا فنية وأماكن..إلخ. اكتبوا مقطعا قصيرا تقلدون فيه أسلوب الكاتبة هدى بركات لوصف شعور مثيل، سواء كان قائما على خبرة حقيقية أو خيالية. ولكن قبل أن تبدأوا في الكتابة ارجعوا إلى الفصل الأول من الرواية وابحثوا عن بعض العبارات والمفردات التي أعجبتكم واستخدموها في وصفكم. أخيرا، سجلوا بصوتكم المقطع الذي كتبتوه، وهنا أيضا حاولوا تقليد طريقة سرد الكاتبة.

الوحدة الثانية (الأجزاء ٦-١٠)

أسئلة الفهم

١. كيف هي علاقة وديع بأبيه؟ اذكروا بعض التفاصيل.
٢. لماذا دخل وديع المستشفى؟
٣. ما هي الأفعال التي يقوم بها أبو وديع ولا يحبّها ولده؟
٤. لماذا انزعج وديع من صديقه أيوب؟
٥. ماذا نكتشف عن سامية؟
٦. علمتم الكثير عن طفولة الراوي ومُراهقته. كيف تتخليون مستقبله؟ لماذا؟

قراءة دقيقة + مناقشة

١. ناقشوا مع زملائكم معنى هذه الجمل في سياق النص وأهمّيتها:

أ - "كأنّ أبي الذي يتغيّر هكذا فجأة هو رجل من رجال الشوارع الذين يقولون للبنات الصغيرات كلاما بذيئا سريعا" (الجزء السادس)

ب- "وأتساءل مرة أخرى لماذا، ونحن في نفس العمر، يسبق جسم أيوب جسمي.." (الجزء السادس)

ج- "لماذا أشعر أن شيئا في أبي يشدّ دائما إلى تحت؟ ولماذا لم ينجب ولدًا غيري؟ ما المشكلة في خصيتيّ هذا الرجل" (الجزء السادس)

د- "ولكن أيوب يأتي إليّ في المستشفى ليـُريني الآلة الصغيرة لا ليزورني كمريض" (الجزء السابع)

هـ- "ألا يعرف أيوب أنه فقير؟ (..) هل يعرف ويتجاهل؟ هل تعوّد ذلك منذ صغره ولم يعـُد يهتم؟ أم أنه حقيقة لا يهتم؟ أم أنه قوي لهذه الدرجة فلا يخجل؟" (الجزء السابع)

و- "لا يتكلم عن العملية أبدا. كان ذلك يقلقني إذ لم أكن متأكدًا من السبب" (الجزء الثامن)

ز- "أخذ يبكي كالأطفال. بالصوت العالي. لم يسأل الطبيب لماذا لم يمت كل مرضى الكلى" (الجزء العاشر)

ح- "وأراني أضرب رأسه بقضيب الحديد. أرى الحديد يدخل في رأسه" (الجزء العاشر)

بعد القراءة

١. سنفترض أنّ وديع يزور الطبيب النفسي ليتحدّث عن علاقته بأيوب وكيف أنّ العلاقة معقـّدة بينهما. تخيـّلوا الحوار الذي سيدور بينهما والنصائح التي سيعطيها الطبيب النفسي لوديع. في ١٠ دقائق حضّروا مع زميل هذه التمثيلية ثم قوموا بتمثيلها أمام الصف. (بإمكانكم أيضا تحويل هذا النشاط إلى كتابة حوار كما تتخيـّلونه).

٢. اختاروا مشهداً أعجبكم في الرواية لتمثيله مع زميل\ـة في الصف.

٣. وديع وأيوب يستمتعان بالاستماع إلى أغاني عبد الحليم حافظ. ماذا تعرفون عن هذا الفنان العربي العظيم؟ ابحثوا عن معلومات متعلّقة بعبد الحليم على الانترنت واكتبوا سيرة حياته باختصار (١٠٠-١٥٠ كلمة).

٤. ابحثوا عن أغنية "حبك نار" لعبد الحليم حافظ وكلماتها، ثم استمعوا إليها. ترجموا كلماتها مع زملائكم إذا كانت الأغنية أعجبتكم.

الوحدة الثالثة (الجزء ١١)

أسئلة الفهم

١. كيف ينظر وديع إلى حزن أبيه بعد وفاة أمه؟ وكيف أصبحت العلاقة بينهما؟

٢. يتذكر وديع حادثة قديمة متعلقة بأبيه و"المعلّم". مَن هو "المعلّم"؟

٣. ما هي الدوافع التي تجعل والد وديع يطلب من ابنه أن يذهب إلى بيت المعلّم ليساعد السيد الصغير في الرياضيات؟

٤. كيف كانت علاقة "المعلّم" بوالد وديع في رأيكم؟

٥. ما رأيكم في تصرّفات أيوب أثناء زيارته ووديع لبيت "المعلّم"؟ ماذا تخبرنا عن شخصيته؟

٦. لو كنتم في مكان الشيف، كيف ستشعرون بعد تعليق المعلّم على البدلة؟ (ابحثوا في القاموس عن كلمات تحتاجونها للتعبير عن أفكاركم)

قراءة دقيقة + مناقشة

أ ناقشوا مع زملائكم معنى هذه الجمل في سياق النص وأهمّيتها:

١. "أستعمل جسمي للرد عليه"

٢. "اختفت تماماً قبل موت أمي. اختفت حين زرنا بيت معلـّمه أنا وأيـّوب"
٣. " وأنا في الحقيقة قلـِق من كيس ثياب قديمة أو بقايا أكل أو مبلغ من المال"
٤. "كان يبدو لي أنّ اتفاقـًا حدث بين أيوب وأبي، لا أعرف له سببـًا، وهو على أي حال ضدّي"
٥. "شو يا شيف، أيـّهما ابنك؟"
٦. "هذه البدلة الزرقاء ما زالت جديدة"

بعد القراءة

١. **قواعد**: في الجزء الحادي عشر، ابتداءًا من "قالت السيدة، وهي تتقدمنا إلى الشرفة . . ." وإلى ". . . تحمل الأطباق إلى المطبخ وتغير الصحون"، ابحثوا عن **الحال** و**المنصوبات** (مثل اسم إنّ وخبر كان).
٢. لو كان وديع يكتب مذكراته كل ليلة، ماذا سيكتب بعد الحادثة التي تقع في بيت المعلـّم؟ (٢٠٠–٢٥٠ كلمة)

الوحدة الرابعة (الأجزاء ١٢–١٤)

أسئلة الفهم

١. ما هي أفعال التّمرد التّي يقوم بها وديع ضدّ أبيه؟
٢. مَن هو "الروديو"؟
٣. ممـّا يخاف وديع أثناء وجوده في وسط مجموعة الروديو؟
٤. كيف أصبحت علاقة وديع بأيوب؟
٥. ما طبيعة العلاقة بين وديع وسامية؟
٦. هناك شخصية جديدة في عائلة سامية؟ ماذا نعرف عنه؟ وما رأي وديع فيه؟

قراءة دقيقة + مناقشة

أ ناقشوا مع زملائكم معنى هذه الجمل في سياق النص وأهمـّيتها:

١. "أدخن وأنا أنظر باتجاه آخر حتى لا يعتقدوا أني أنتظرهم" (الجزء الثاني عشر)
٢. "الحمل الوديع كان يشدني إلى الخلف" (الجزء الثاني عشر)
٣. "كانت قد فتحت لي بيتها وجسدها منذ شهور" (الجزء الثالث عشر)
٤. "كان تاجر سلاح يريد البيت مخبأ. أفهمته بأني سأحمي سامية وأحمي الصناديق" (الجزء الثالث عشر)
٥. "كان جبانـًا، وكنت مقنِـعـًا بالمسدس" (الجزء الثالث عشر)
٦. "إنه وحيد، قلت للروديو. ليس للخال أحد. ولكنه يظن أني أحميه، لأنه يدفع كل هذا المال. هذا رجل بلا أخلاق. سننكشف" (الجزء الرابع عشر)

ب ما الذي يحدث بين الجزء الحادي عشر والجزء الثاني عشر ليتغير وديع بهذا الشكل؟

ت هل نستطيع القول بأنّ وديع أصبح سعيداً بعد تركه الثانوية والتحاقه بمجموعة الروديو؟ قدّموا بعض الأدلـّة.

ث من وجهة نظركم، من أقرب شخص إلى وديع في هذه اللحظة من حياته؟

الوحدة الخامسة (الأجزاء ١٥–١٧)

أسئلة الفهم

١. في هذا الجزء نكتشف بعض الأشياء عن وديع والروديو وخال سامية. ما أهمّ هذه الأشياء؟
٢. من قتل الخال؟ ولماذا؟

٣. كيف تغيرت علاقة وديع بالروديو؟
٤. هناك أفكار متكرّرة حول القتل تدور في ذهن وديع. ابحثوا عنها في النص وفسّروها ضمن أحداث الرواية.
٥. كيف هي علاقة وديع بزوجته؟ في رأيكم هل نستطيع أن نعتبره حبًا حقيقيًا؟

قراءة دقيقة + مناقشة

أ ناقشوا مع زملائكم معنى هذه الجمل في سياق النص وأهمـّيتها:

١. "ولا أتساءل لماذا لا تشك سامية بأخلاقي، فأنا شريك في تجارة خالها" (الجزء الخامس عشر)
٢. "وكان يريد أن يأخذها منـّي، مِن الرجل الذي تحبه والذي يحميها" (الجزء الخامس عشر)
٣. "مِن أجل المزيد مِن المال كان يريد أن يبيع سامية ويبيعني ويبيعك يا كميل" (الجزء الخامس عشر)
٤. "هذا درس حفظته. قضيت حياتي أدرسه، أشربه شرباً" (الجزء السادس عشر)
٥. "لا، لا تشتري لي ووكمن. أنا لست متخلفا" (الجزء السابع عشر)
٦. "أعدّ في رأسي الأيام..لا، ليس الآن" (الجزء السابع عشر)

بعد القراءة

١. اختاروا جزءاً من الرواية أعجبكم وترجموه إلى لغتكم بلغة أدبية جميلة. في الصف اقرأوا الترجمة لبعض الزملاء واختاروا أجمل ترجمة!
٢. في الجزء السابع عشر يستمع وديع إلى أغنية "أهل الهوى" لأم كلثوم. اقرأوا نبذة عن سيرة حياة هذه المغنية العظيمة:

أم كلثوم

١٨٩٨	ميلاد أم كلثوم في قرية فقيرة في ريف المنصورة (مصر).
١٩٢٣	وصول للقاهرة. هجوم على أم كلثوم من مغنيات أخريات وبعض النقاد.
١٩٢٤	أول مقابلة مع أحمد رامي، "شاعر الشباب"، و هو الذي سيصبح أستاذها الفني والأدبي.
١٩٢٥	غناء أول أغنية للشاعر أحمد رامي.
١٩٣٥	تسجيل أول حفلة في الراديو. أول تسجيل للإذاعة المصرية.
١٩٤٠	أول فيلم لأم كلثوم في السينما المصرية.
١٩٥٢	أول كتاب عن أم كلثوم للدكتورة نعمات فؤاد.
١٩٦٠	ظهور التلفزيون وظهور أم كلثوم على شاشة التلفاز.
١٩٦٢	نشر مقالة عن أم كلثوم في مجلة "لايف" الأمريكية.
١٩٦٤	غناء أول أغنية لمحمد عبد الوهاب، "انت عمري".
١٩٦٨	سفر وحفلتين في الخرطوم لخدمة المجهود الحربي ضد الصهيونية.
١٩٦٩	سفر وحفلة في ليبيا. هجوم من الصحف الليبية على أم كلثوم لأنها تغني للحب في زمن الحرب.
١٩٧٠	سفر وحفلة موسكو.
١٩٧٣	آخر حفلة في حياتها في القاهرة.
١٩٧٥	وفاة أم كلثوم.

- لها ست أفلام.
- وحفلات في بلاد عديدة.

والآن ابحثوا عن معلومات إضافية على الانترنت واكتبوا سيرة حياتها.

٣. في الجزء السابع عشر يقول وديع عندما يأخذ سامية بين ذراعيه أنه يشم "رائحتها التي تشبه رائحة الخبز الطازج". ماذا تفهمون من هذه العبارة؟
هناك قصيدة مشهورة للشاعر الفلسطيني محمود درويش بعنوان "إلى أمي" تشير إلى الخبز أيضاً. ابحثوا عنها واقرأوا الأبيات الأولى منها. يمكنكم أيضا الاستماع على الانترنت إلى نفس القصيدة بصوت الملحّن والمغني اللبناني مارسيل خليفة. لماذا في رأيكم يلعب الخبز دوراً مهماً في الثقافة العربية؟

الوحدة السادسة (الأجزاء ١٨–٢٠)

أسئلة الفهم

١. ماذا عرفتم عن انتقال وديع إلى بيته الجديد؟
٢. كيف هي علاقة وديع بوالده الآن؟ اذكروا بعض التفاصيل.
٣. تظهر شخصية أيوب مرة أخرى في هذا الجزء. لماذا في رأيكم؟
٤. في الجزء العشرين تقع حادثة بين الروديو ووديع ستغيّر مستقبل الأحداث. ناقشوا تفاصيل الحادثة مع زملائكم أو اكتبوها بكلماتكم.
٥. ما علاقة الميليشيات بالروديو في رأيكم؟

قراءة دقيقة + مناقشة

أ ناقشوا مع زملائكم معنى هذه الجمل في سياق النص وأهمّيتها ضمن أحداث الرواية:

١. "وأفكر أنه ربما يتخيّل شرفتي هذه تشبه شرفة بيت معلّمه الذي هاجر مع كامل أسرته إلى بلد خليجي" (الجزء الثامن عشر)

٢. "وأنا لا أشعر بالحزن على موت ذلك الولد" (الجزء الثامن عشر)
٣. "لا أريد أن أعرف لا ندمه ولا نسيانه" (الجزء الثامن عشر)
٤. "جاء أيوب عدة مرات وسأل عنك" (الجزء التاسع عشر)
٥. "لن يجدونا إن لم تضئ الأنوار" (الجزء العشرون)
٦. "لا أحد يستطيع حمايتي في ذلك البيت. ليس من أجل المزيد من المال بل لأن لعبة المتاجرة كبرت" (الجزء العشرون)
٧. "لكني لا أستطيع أن أقنع نفسي بالخوف منك يا كميل" (الجزء العشرون)
٨. "يكذب الروديو عليّ في هذه اللحظة" (الجزء العشرون)
٩. "ليس من المفيد أذيـّة سامية بعد قتلي" (الجزء العشرون)
١٠. "لكنهم الآن هناك. بقي اثنان منهم في البيت منذ مساء أمس بانتظار عودتي" (الجزء العشرون)
١١. "لماذا لم تقل لي فورًا إنك خنتني. إنهم اتصلوا بك وإنك اضطررت لخيانتي" (الجزء العشرون)
١٢. "اسأل أباك إذا التقيتما مرة أخرى في هذه الدنيا" (الجزء العشرون)
١٣. "لقد قتلته في بيت أبيك. أمام عينيك. كان يزور أباك أحيانا" (الجزء العشرون)

بعد القراءة

١. علاقة وديع بأبيه تسوء أكثر فأكثر مع مرور الأيام. تخيلوا أنكم والد وديع يكتب لابنه رسالة يشرح فيها وضع العلاقة وكيف وصلت إلى هذه المرحلة. ماذا سيقول الأب لوديع؟ (٢٠٠–٣٠٠ كلمة)
٢. ترجموا الجزء التاسع عشر من الرواية إلى لغتكم بلغة أدبية جميلة.

٣. في الفصل التاسع عشر من الرواية نجد الكاتبة تستخدم التشبيه[١] والاستعارة[٢] لوصف ما يبدو حادثة هلوَسة يمرّ بها وديع إثر تعاطيه المخدرات. استمعوا إلى هذا الفصل من الرواية بعد قراءته وحاولوا اكتشاف التشبيه والاستعارات المستخدمة. (في الفصل، ناقش لغة السرد مع زملائك)
والآن اكتبوا نصاً أدبياً تستخدمون فيه التشبيه والاستعارة لوصف تجربة تريدون سردها. أبدعوا في اللغة.

الوحدة السابعة (الأجزاء ٢١–٢٦)

أسئلة الفهم

١. اكتبوا ملخصًا للأحداث (في رؤوس أقلام).
٢. يتحدث وديع عن شخص جديد يظهر داخله، كيف هو هذا الشخص؟ وكيف يختلف عن ما كان عليه في الماضي؟
٣. تتكرّر كلمة "الخوف" أكثر من مرة سواء في هذا الجزء أو الجزء السابق. ما أهمية موضوع الخوف؟
٤. هناك هاجس يتردّد على وديع بخصوص سامية؟ ما هو؟ وما رأيكم في هذه الأفكار؟
٥. ماذا تمثل حديقة الأطفال التي يلجأ إليها وديع؟
٦. كما في بداية الرواية يظهر موضوع السمنة والأكل. لماذا؟
٧. مع من يتعامل وديع وسامية في قبرص؟ ما طبيعة هذه العلاقات؟
٨. أين ذهب الروديو في رأيكم؟

قراءة دقيقة + مناقشة

أ ناقشوا مع زملائكم معنى هذه الجمل في سياق النص وأهمّيتها:

---

١. تشبيه = Simile
٢. استعارة = Metaphor

١. "قلبي القوي وقع مني" (الجزء الواحد والعشرون)
٢. "قتلوا أبي انتقاما مني" (الجزء الواحد والعشرون)
٣. "أجد أبيض واسعا إلى ما لا نهاية" (الجزء الواحد والعشرون)
٤. "العمى، هدية من الحياة أحياناً" (الجزء الواحد والعشرون)
٥. "لا أريد أن أذهب إليهم هكذا، فارغ اليدين، ليُطعموني ويجدوا لي عملا معهم" (الجزء الثاني والعشرون)
٦. "أعرف أنها تبكي الآن. وأعرف من دون أن أنظر إليها أنها لن تنتظر طويلا" (الجزء الثاني والعشرون)
٧. "كل فجر هو امتحان شديد الصعوبة" (الجزء الثالث والعشرون)
٨. "الآن . . . في أي مكان أضعها (. . .) ويبدو أني تعبت من قوتها وهي، يا حرام، تحاول أن تساعدني لتشدني إلى الأمام . . . مثل الحياة . . . التي لا تتوقف" (الجزء الرابع والعشرون)
٩. "يجب أن نعترف—يا وديع—أننا صرنا بالفعل ما صرنا إليه" (الجزء الخامس والعشرون)

بعد القراءة

١. يركز هذا الجزء على مشاعر وأفكار وديع تجاه سامية وتجاه حياته في الغربة. حاولوا تخيّل مايدور في بال سامية حول هذا الموضوع. ماذا ستكتب سامية إذا كان عندها مذكرات شخصية؟ (٢٠٠–٣٠٠ كلمة)
٢. فكرة الخيانة تتكرّر منذ بداية الرواية في حياة مختلف الشخصيات، وخاصة وديع. استرجعوا بعض المواقف التي حدثت واكتبوا رسالة إلى وديع تعطنوه فيها نصائح تساعده على استرجاع حياة طبيعية. (٢٠٠–٣٠٠ كلمة)
٣. في الفصل الواحد والعشرين نرى وديع في باخرة تأخذه إلى قبرص، ولكنه يهلوس بسبب حرارة جسمه المرتفعة. كيف

استخدمت الكاتبة اللغة لإيصال المعاني المُرادة وحالة وديع العقلية؟ أشيروا إلى أية عبارات وتراكيب لغوية تجدونها مفيدة (وناقشوا ما وجدتوه مع زملائكم).

الوحدة الثامنة (الأجزاء ٢٧–٣٢)

أسئلة الفهم

١. من هو هبّك؟ وماذا نعرف عنه؟ وماذا يعرف هو عن الروديو؟

٢. ما رأي هبّك في وديع؟

٣. وديع يعمل للمرة الأولى في قبرص بفضل هبّك. أين يعمل؟ وما طبيعة عمله؟

٤. ما رأي وديع في المدير الأول؟ ولماذا يخاف منه؟

٥. نرى في هذا الجزء ظهور "الشاب" من جديد. كيف تعرّف عليه وديع؟ وكيف يصف وديع "الشاب"؟

٦. كيف أثر دخول "الشاب" في حياة وديع على علاقته بسامية؟ وما رأي سامية في "الشاب"؟

٧. ماذا نعرف عن حياة المدير السابقة وعن أسرته؟

٨. يتذكر وديع أباه للمرة الأولى منذ ترك لبنان؟ لماذا؟

٩. بعد إيجاد وظيفة جديدة والعمل مع "الشاب" تتغير حالة وديع النفسية. هل هذا التغيّر سلبي أم ايجابي؟ كيف؟

١٠. الآن اقرأوا مرة أخرى الأجزاء ١–٣ من الرواية. عند الانتهاء من هذه الأجزاء فسّروا الجملة الأخيرة في الجزء الثالث ("وهكذا، شيئاً فشيئاً، أخذ معلّمي الجديد يُرجعني إلى نفسي القديمة التي كنت نسيتها").

قراءة دقيقة + مناقشة

أ ناقشوا مع زملائكم معنى هذه الجمل في سياق النص وأهمّيتها:

١. "إنه نـُعاس، نـُعاس وليس له اسم آخر لكنه يشبه الموت" (الجزء الثامن والعشرون)
٢. "حين كنت سفاحا كبيرا أقتل الناس بالعشرات والمئات" (الجزء الثامن والعشرون)
٣. "لا أكرهه ولا أشتاق إليه" (الجزء الثامن والعشرون)
٤. "وعند المساء انتظرت خروج آخر الموظفين، توجـّهت إلى ذلك المكتب. وفتحت الباب" (الجزء التاسع والعشرون)
٥. "يقول إنّ علينا ألا نتركه يأكل كثيرا، لأنه يحب الأكل ويسمن بسرعة" (الجزء الثلاثون)
٦. "لكن صرت أغار منه يا وديع . . . مع أنه أعاد إلينا حياتنا الجنسية" (الجزء الثلاثون)
٧. "لست من الأغنياء، قال. عمل أبي كثيرا وسهر ليدفع مدرستي ثم الجامعة " (الجزء الثلاثون)
٨. "أنا لست خادما لأحد. هبك والآخرون لا يعرفون معنى الصداقة. حين يقولون إنه يدفع لي مالا أكثر فهذا يعني أني فاسد . . . وهذا يعني أنه هو، المعلم، رجل بلا أخلاق. أنه حرامي" (الجزء الواحد والثلاثون)
٩. "فأدخل خلفها إلى داخل الضوء الأحمر" (الجزء الواحد والثلاثون)
١٠. "أنا كلب المعلم. نعم،تماما. لكني ذئبكم" (الجزء الثاني والثلاثون)
١١. "أنزلت عن قلبي امرأتي وديني" (الجزء الثاني والثلاثون)
١٢. "هات فنجان بدون سكر وسوف نرى" (الجزء الثاني والثلاثون)

بعد القراءة

١. اختاروا مقطعـًا من الرواية أعجبكم وسجـّلوه بصوتكم بطريقة تتناسب مع المشهد.
٢. اختاروا مقطعـًا من الرواية وترجموه إلى لغتكم بلغة أدبية جميلة.

٣. في نهاية الرواية نرى وديعاً وقد تحوّلت شخصيته بشكل ملحوظ. بعد قراءة الجزء الثاني والثلاثين والاستماع إلى التسجيل بصوت الكاتبة هدى بركات، كيف يمكنكم وصف شخصية وديع الجديدة والتغيرات التي طرأت عليها؟ ما هي المفردات والعبارات التي تُثبت ذلك من وجهة نظركم؟ اشرحوا اختياراتكم (وناقشوها مع زملائكم).

الوحدة التاسعة (الجزء ٣٣)

قبل القراءة

١. استمعوا إلى الجزء الأخير من الرواية مسجلا بصوت الكاتبة هدى بركات قبل أن تقرأوه. استمعوا مرة واحدة على الأقل دون توقف. بعد ذلك، اقرأوا الفصل الأخير في كتابكم وقارنوه بأجوبتكم. ضعوا علامة صح √ أو خطأ X على كل جملة.

	صح	خطأ
آخر يوم لوديع في الشركة كان هناك مشاكل وشِجار.		
اكتشف طارق أن وديع كان على علاقة بشبكة تجارة سلاح ولذلك طرده من الشركة.		
مشاكل الحسابات في الشركة جعلت الشرطة القبرصية تقبض على وديع.		
سامية كانت على علاقة جنسية برجل غير وديع.		
سامية عملت لفترة طويلة لأنها ووديع كانا في حاجة إلى المال.		
قيل لسامية أن أيوب لم يمت وأنه كان يهودياً وعميلا لإسرائيل.		
تظن سامية أن وديع هرب مع أيوب بعد أن عرف مكانه.		

أسئلة الفهم

١. من هو طارق الذي تتحدث عنه سامية؟
٢. في رأيكم، هل كان طارق إنساناً طيباً كما كان يبدو؟ قدموا أدلتكم.
٣. ما هي الأسرار التي نكتشفها عن حياة سامية وماضيها الحديث؟
٤. هل تعتقدون أن وديع كان يعرف شيئاً عن عمل سامية السابق؟ لماذا؟
٥. ما هي التّغيّرات التي نراها في سلوك وديع قبل أن يختفي؟
٦. ما هي الاحتمالات التي تضعها سامية لاختفاء وديع؟ ما رأيكم فيها؟
٧. اكتبوا وصفًا وتحليلا لشخصية سامية وتصرّفاتها.

قراءة دقيقة + مناقشة

أ ناقشوا مع زملائكم معنى هذه الجمل في سياق النص وأهمّيتها:

١. "عمليات تفتيش طالت أياما. كانت سرية كاملة. السرية وخوف الناس من بعضهم البعض"
٢. "يكذب هذا الرجل. وامرأته كذلك. ويكذب ليس لحماية قريبه، بل لحماية نفسه ولاسترجاع قوته في الشركة"
٣. "رغم أنه قال لي ألا آتي أبدا إلى الشركة"
٤. "لكن خوفه العجيب لم يذهب عنه ولا أعتقد حتى أنه سمع ما كنت أقول. كان ينظر إلى البعيد في اتجاه آخر"
٥. "لكن كيف كان وديع يفسّر وجود المال معنا باستمرار؟"
٦. "ولماذا لا يكون كل هذا حبا؟ من أجله وحتى لا ينقصه شيء"
٧. "هل عشت كل حياتي مع رجل لا يراني، مع رجل لا أعرفه ولا يعرفني؟"
٨. "صديق قديم، اكتشفوا أن أمه يهودية"
٩. "قبل اختفائه بأسبوعين ناداني إلى جانبه بجدية غريبة وقال لي . . ."
١٠. "هو يعرف تماما أن الشقة سُرقت وأن المال اختفى"

بعد القراءة

١. بعد خمس سنوات من اختفاء وديع تلتقي سامية به صدفة في مدينة أوروبية. مع زميل\ـة تخيل\ـي الحوار الذي سيدور بينهما وبعد ذلك مثّلاه أمام الصف. عليكما استخدام معلومات حقيقية عن الشخصيتين وحياتهما حسب ما جاء في الرواية.

٢. اكتبوا نهاية الرواية واختفاء وديع كما تعتقدون أنه حدث بالفعل. (٢٠٠ كلمة)

٣. تخيلوا أنكم تعملون في دار نشر وأنه يجب عليكم تقديم الكتاب. اكتبوا ملخصًا للرواية وتقديماً شيّقاً في أقل من ١٥٠ كلمة.

٤. ابحثوا أكثر عن الحرب الأهلية اللبنانية ودور الميليشيات فيها واكتبوا بحثا مختصرًا. (٣٠٠–٤٠٠ كلمة)

٥. الآن، وبعد الانتهاء من قراءة الرواية، ما هي بعض الأسئلة التي تريدون طرحها على الكاتبة هدى بركات، إذا كانت عندكم الفرصة (اكتبوا من ٣ إلى ٥ أسئلة وناقشوها مع بعض الزملاء). بعد ذلك، استمعوا إلى الحوار مع الكاتبة هدى بركات وأجوبتها على أسئلة القراء.

PERSONAL DICTIONARY

قاموسي الشخصي

أ

إبط ________	مـُؤدّب ________
أجـّل - يؤجـّل ________	آلة ________
أذى - يؤذي ________	

ب

باخرة ________	بطن ________
بشع ________	مبلغ - مبالغ ________
بذيء ________	

ت

________	________
________	________

ث

ثدي ________

ج

جبان ________ أجاد - يجيد ________

جسد - أجساد ________ جاهل ________

جنس ________ جيل - أجيال ________

ح

حرج ________ حقّق - يحقّق ________

تحرّك - يتحرّك ________ تحقيق - تحقيقات ________

حرامي ________ حماس ________

حزب - أحزاب ________ حمى - يحمي - حماية ________

حشى - يحشي ________

خ

مخبأ ________ خصية ________

استخبارات ________ خفيف ________

خبط - يخبط ________ أخفى - يخفي ________

مخدرات ________ اختفى - يختفي ________

خادم ________ خلط - يخلط ________

اختصار (باختصار) ________ خلع - يخلع ________

خلق - أخلاق ______ تخيّل - يتخيّل ______

مُخيف ______

د

دفع - يدفع ______ دمّ ______

درى - يدري ______ أدهش - يدهش ______

دمّر - يدمّر ______ استدار - يستدير ______

دمعة - دموع ______

ذ

ذِهن ______

ر

مرآة - مرايا ______ رسب - يرسب ______

ربح - يربح ______ ترافق - يترافق ______

استرجع - استرجاع ______ رُكبة ______

رجولة ______ رمى - يرمي ______

رحّب - يرحّب ______ رائحة ______

ز

انزعج - ينزعج ______ زيّ ______

زعيم ______

س

مسؤول ________ سكّين - سكاكين ________

سبق - يسبق ________ سلاح - أسلحة ________

سجّادة - سجّاد ________ تسلّى - يتسلّى—تسلية ________

سخر - يسخر ________ سمّاعة ________

سرطان ________ سور ________

سرق - يسرق ________ سيطر - يسيطر ________

سفّاح ________

ش

شبه - يشبه ________ شوكة - شوك ________

شاذ جنسياً ________ شوى - يشوي ________

أشار - يشير ________ شيطان - شياطين ________

اشتاق - يشتاق ________

ص

صبّح - يصبّح ________ صرخ - يصرخ ________

صدّق - يصدّق ________ اصطنع - يصطنع To pretend

صِدق ________ صنوبر ________

ض

ضمن - يضمن ______ ضاع - يضيع ______

أضاء - يضيء—إضاءة ______

ط

طرق - يطرق ______ أطلق - يطلق (الرصاص) ______

أطعم - يطعم ______

ظ

ظِلّ ______ ظلمة ______

ع

اعتذر - يعتذر ______ عقليـّة ______

عجوز ______ عميل ______

اعترف - يعترف ______ عمليـّة ______

عرق ______ عنـّف - يعنـّف ______

عزاء ______ عارٍ ______

عشق ______ مـُعيـّن ______

غ

اغتصب - يغتصب ______ أغمض - يغمض ______

ف

فاجأ - يفاجيء ________ فرقة ________

انفجر - ينفجر ________ فـُرن ________

فخر - يفخر ________ فاسد ________

تفرّج - يتفرّج ________ فسّر - يفسّر ________

مـَفرش ________ فضلات ________

فارغ ________ فقدان ________

افترق - يفترق ________ استفاق - يستفيق ________

ق

مقبرة ________ قلـّب - يقلـّب ________

قبـّل - يقبـّل ________ انقلب - ينقلب ________

تقرير - تقارير ________ قلى - يقلي ________

تقاسم - يتقاسم ________

ك

كرّر - يكرّر ________ كلية - كلى ________

كرش ________ كورنيش ________

كريم ________ كوى - يكوي ________

كذب - يكذب ________ كيس - أكياس ________

ل

لازم - يلازم ________ لقب - ألقاب ________

تلاعب - يتلاعب ________

م

مدّ - يمدّ ________ أمسك - يمسك ________

مرّ - يمرّ ________ معدة ________

مزاج ________ مليء ________

مزح - يمزح ________ مهنة ________

مساحة ________

ن

نبيل ________ نفذ - ينفذ ________

نادى - ينادي ________ تنفّس - يتنفّس ________

ناظر ________ انتمى - ينتمي ________

نعمة ________

هـ

هاجر - يهاجر ________ هرب - يهرب—هروب ________

هجم - يهجم ________ هرّب - يهرّب—تهريب ________

هدأ - يهدأ ________ هز - يهز ________

و

ودود ______________ موسم ______________

وديع ______________ وعد - يعد ______________

ي

______________ ______________

____

ABOUT THE EDITOR

Laila Familiar has a master's degree in teaching Arabic as a foreign language from the American University in Cairo. She has taught Arabic and content-based courses at all proficiency levels at the American University in Cairo, the Center for Arabic Study Abroad program in Egypt, Middlebury College, and The University of Texas at Austin. She worked on developing an online listening and reading proficiency test sponsored jointly by the National Middle East Language Resource Center and the Arabic Flagship Program. She was the academic director of the Critical Language Study Abroad Program in Fes (Morocco) and the director of the Arabic Summer Institute at The University of Texas at Austin.